Torcidas

FUNDAÇÃO EDITORA DA UNESP

Presidente do Conselho Curador
Mário Sérgio Vasconcelos

Diretor-Presidente / Publisher
Jézio Hernani Bomfim Gutierre

Superintendente Administrativo e Financeiro
William de Souza Agostinho

Conselho Editorial Acadêmico
Divino José da Silva
Luís Antônio Francisco de Souza
Marcelo dos Santos Pereira
Patricia Porchat Pereira da Silva Knudsen
Paulo Celso Moura
Ricardo D'Elia Matheus
Sandra Aparecida Ferreira
Tatiana Noronha de Souza
Trajano Sardenberg
Valéria dos Santos Guimarães

Editores-Adjuntos
Anderson Nobara
Leandro Rodrigues

HANS ULRICH GUMBRECHT

Torcidas
O estádio como ritual de intensidade

Tradução e posfácio
Nicolau Spadoni

© 2023 Editora Unesp

© Vittorio Klostermann GmbH, Frankfurt am Main, 2020

Título original: *Crowds. Das Stadion als Ritual von Intensität*

Direitos de publicação reservados à:
Fundação Editora da Unesp (FEU)
Praça da Sé, 108
01001-900 – São Paulo – SP
Tel.: (0xx11) 3242-7171
Fax: (0xx11) 3242-7172
www.editoraunesp.com.br
www.livrariaunesp.com.br
atendimento.editora@unesp.br

Dados Internacionais de Catalogação na Publicação (CIP) de acordo com ISBD
Elaborado por Vagner Rodolfo da Silva – CRB-8/9410

G974t   Gumbrecht, Hans Ulrich

Torcidas: o estádio como ritual de intensidade / Hans Ulrich Gumbrecht; tradução e posfácio por Nicolau Spadoni. – São Paulo: Editora Unesp, 2023.

Tradução de: *Crowds: Das Stadion als Ritual von Intensität*
Inclui bibliografia.
ISBN: 978-65-5711-204-5

1. Filosofia. 2. Sociologia do esporte. 3. Torcidas. 4. Cultura popular. I. Spadoni, Nicolau. II. Título.

CDD 100
CDU 1

2023-1414

Editora afiliada:

para Ricky
com profunda gratidão pelos
trinta anos silenciosos de futebol americano em Stanford,
juntos,
e 33 anos cheios de vida.

Sumário

1. Estádios vazios 9
2. As massas de estádio 21
3. Desprezo às massas 35
4. Massas do passado 51
5. Na torcida – lateralmente:
   enxames, neurônios-espelho, primatas 67
6. Na torcida – verticalmente:
   corpos místicos, intensidade, transfiguração 81
7. O estádio como ritual de torcida 99
8. *You'll Never Walk Alone*
   (Dortmund, 23 de março de 2016) 113

Nota do tradutor 121

1
Estádios vazios

Admito que deve ser não somente algo parecido com um vício, deve ser de fato um vício – na melhor das hipóteses, um vício secundário. Dói-me, no sentido literal do termo, ter de passar na frente de estádios famosos, especialmente de estádios onde jogam grandes times, sem poder parar e perguntar se há visitas guiadas ou outras opções para conhecer o interior deles. Por isso, quando chegamos a uma cidade pela primeira vez, minha esposa, nossas duas filhas e até meus dois filhos amantes de esportes sempre estiveram dispostos a gastar tempo considerável para evitar passar por estádios. Por um lado, sua intenção é bem-intencionada, mas, por outro, eles também conseguem, desse modo, se proteger de empolgados monólogos que simplesmente não consigo conter, mesmo sabendo que não interessam a ninguém.

Portanto, é um golpe de sorte para todos os envolvidos quando me deparo com um estádio – ou, quando há tempo, o conheço – sozinho. Foi bem o que aconteceu no final de 1990, quando fui a Buenos Aires para dar algumas palestras (até hoje, minha principal razão para viajar) e reservei uma longa tarde para ir ao bairro La Boca, atração turística da antiga área portuária. La Boca teve um papel especial na história do tango e, com as fachadas de ferro ondulado de suas casas, às vezes pintadas, às vezes desgastadas, torna palpável, até hoje, a atmosfera do final do século XIX, quando a cidade se tornou uma metrópole internacional com o fluxo de várias ondas de imigração. Naquela época, muitos europeus queriam vir à América do Sul, e sobretudo à Argentina, para ver o continente e o país do futuro. Além disso, essa parte de Buenos Aires abriga o estádio La Bombonera, inaugurado em 1940 e pertencente ao Boca Juniors – certamente o mais popular e, ao lado do River Plate, o mais bem-sucedido clube do futebol argentino.

Depois do Uruguai, que foi medalhista de ouro e defendia o título da edição anterior, foi sobretudo a seleção argentina, nos Jogos Olímpicos de 1928, em Amsterdã, que elevou o futebol ao nível de uma fascinação internacional – e, já nessa época, o Boca Juniors jogava onde atualmente fica a Bombonera. O nome (obviamente não oficial) do estádio vem de sua semelhança com uma "caixa de bombons" e refere-se a três arquibancadas particularmente íngremes (especialmente as duas atrás dos dois gols) que cercam um campo relativamente pequeno (suas dimensões atingem por pouco o tamanho mínimo exigido pela Fifa), e seu peculiar efeito de profundidade visual enfatiza um quarto lado plano, originalmente aberto, e que hoje é reservado para camarotes. A arquitetura resultante, que se desenvolveu ao longo das décadas e nunca foi de fato planejada, também explica a acústica que tornou a Bombonera famosa – e infame para os times visitantes. Ainda mais barulhento que o Monumental de Núñez – um estádio maior, de construção mais convencional, inaugurado em 1938 e que pertence ao River Plate, grande rival do Boca e clube da classe alta de Buenos Aires –, o espaço da Bombonera reúne os mais belos momentos da história do futebol argentino. Apesar de ter sido no Monumental que a Argentina venceu sua primeira Copa do Mundo, em 1978, após uma final contra a Holanda e no auge de uma brutal ditadura, foi na Bombonera que Diego Armando Maradona se tornou uma estrela e teve um camarote até o fim de sua vida. Superando Lionel Messi, Maradona continua sendo o argentino mais popular e, para mim, ao lado de Mané Garrincha – da histórica geração brasileira de 1958 e 1962 –, a mais elevada personificação do carisma futebolístico.

É claro que, por mais fascinante que seja o tango, fui para La Boca por causa do estádio, de modo que guardei o melhor de minha visita para o final da tarde. Ansioso, comprei um ingresso para o Museu do Boca Juniors, apesar da nem tão secreta convicção de que os movimentos de um esporte e a intensidade dos eventos de um estádio dificilmente podem ser transmitidos por meio das bolas de couro ou das camisas desbotadas, e nem sempre conseguem ser tão interessantes nas cenas documentais – geralmente em preto e branco – que são exibidas em várias telas (justamente porque lhes falta mostrar a abertura de possibilidades para o desfecho do jogo). Não fiquei nem um pouco preocupado ao ouvir que a última visita guiada do dia já estava em andamento. Pelo contrário, eu sabia que uma modesta gorjeta posta nas mãos certas seria suficiente para me dar acesso particular, no momento certo, às três arquibancadas.

E foi o que aconteceu. Não consigo mais me lembrar de quantos *australes* (a moeda argentina de então) foram, mas o jovem de macacão azul escuro e amarelo a quem os dei passou imediatamente a me chamar de *caballero* e também a lançar mão de toda sorte de tratamentos formais, que ia alternando, e com os quais ele visivelmente não estava acostumado. A Bombonera me dominou. Suas arquibancadas se erguem tão abruptamente que cada passo desencadeia um excitante temor de que se possa tropeçar, escorregar, cair. Da última fila acima do gol mais distante da entrada abria-se uma visão igualmente íngreme para baixo. Ali, de fato ali, o jovem Maradona – que ainda estava ativo na Espanha naquele início dos anos 1990 – havia jogado. Uma longa história do futebol pairava sobre o estádio e se tornou palpável em sua importância nacional, embora eu conhecesse somente alguns poucos nomes e datas. Na minha imaginação, as arquibancadas vazias se encheram com 50 mil torcedores e com o som de seus cantos, que eu ainda nunca tinha ouvido.

Mas, de repente, no começo da noite, as luzes do estádio se apagaram. Nunca ficou explicado se fora um dos habituais apagões ocorridos à época em Buenos Aires ou se os funcionários do Boca quiseram me esquecer. Não me atrevi a pular o alto portão de metal, então fechado, que separava o campo e as arquibancadas das caixas registradoras, das lojas e do museu. E por que deveria? Não costumava fazer frio de noite naquela época do ano. Além do mais, eu dificilmente me preocupo com perigos que não vejo ou que desconheço. Então, ajeitei-me no meio da arquibancada atrás do gol mais distante para poder me sentar, ou me deitar de modo meio contorcido, e entreguei-me à fantasia dos mais infantis desejos e suas imagens: bolas enfiadas para Diego Maradona; cantei junto a milhares de torcedores do Boca no final da década de 1940, nos tempos de Juan Domingo e Evita Perón, e também do grande Alfredo di Stéfano, que, inclusive, jogou pelo River. Não tive momento

Torcidas

algum de tédio naquela noite, e devo ter acordado cedo com a primeira luz da manhã e ao ruído de grandes pássaros pretos (assim sugere minha memória). Dez horas sozinho no estádio vazio foram antes um sonho realizado que um pesadelo, e a sensação era a de que eu havia me tornado parte de uma história, como se aquela noite fosse meu batismo em uma comunidade. Logo vi, à distância, o mesmo homem de macacão azul e amarelo destrancar o portão de metal. Ele não parecia surpreso nem assustado, e lhe dei mais um punhado de *australes*. "Gracias, caballero." Não tive problema algum para encontrar um táxi de volta ao hotel no centro da cidade, onde o café da manhã ainda estava sendo servido.

Desde então, fiquei sabendo que não estou sozinho em meu vício em estádios vazios. Sempre que possível para alguém que mora na Califórnia (ou seja, raramente mais de uma vez por ano), gosto de ir ver o Borussia Dortmund, time de futebol para o qual torço, jogar em seu famoso estádio – e foi lá que encontrei, nas últimas vezes, meu amigo Jochen. É justamente com Jochen – que vê o jogo de maneira muito diferente, com muito mais competência analítica do que eu, e que, aliás, não é torcedor do Dortmund – que vou ao *lounge* logo após o fim do jogo, o que me é permitido pelo ingresso que comprei, e bebo minha segunda cerveja do dia (e do ano) – e é aí que Jochen sempre quer voltar às arquibancadas, o que é possível, mas provavelmente não é permitido. Nós dois acendemos mais um cigarro (também proibido) e olhamos para o gramado, exaustos, mas também empolgados. O entorno do gramado, no local em que, meia hora antes, mais de 80 mil pessoas estavam sentadas ou de pé, ocupando todos os lugares sem deixar nenhum espaço livre, como um único corpo místico, agora está quase ostensivamente vazio. Com brilho reduzido, as luzes ainda estão acesas, e, em lugar dos jogadores em belo movimento, três ou quatro funcionários estão à beira do campo consertando o gramado.

Nenhum outro estádio vazio desperta em mim (e em tantas outras pessoas) tanta intensidade quanto o de Dortmund, talvez por nenhum ficar tão inteiramente coberto por pessoas, mesmo quando se chega meia hora antes de o jogo começar. Nunca vejo espaços livres na Tribuna Sul, a extensa arquibancada geral atrás de um dos gols. Na segunda metade da minha vida, devo confessar (e que difícil é essa confissão para mim), o time de futebol americano da Universidade de Stanford, onde lecionei por 29 anos, provavelmente se tornou, para mim, ainda mais querido que o Dortmund. De tempos em tempos, eu tinha um jogador do time em minhas aulas, alguns dos quais eu havia inclusive ajudado a convencer a estudar conosco e jogar por nós. Mas, embora o belo e compacto estádio de Stanford esteja sempre lotado, com mais de cinquenta mil ingressos vendidos nos jogos em casa, sempre é possível encontrar algumas fileiras desocupadas (os passes de temporada só são oferecidos a ex-alunos, com prioridade aos que forem doadores), e nós, torcedores, não fazemos barulho o suficiente, de modo que os torcedores dos times adversários chamam nosso estádio de "A Biblioteca" – o que é extremamente constrangedor para mim.

Também me decepcionei com uma visita guiada ao Santiago Bernabéu, estádio do Real Madrid – onde eu, por ter ido bastante à Espanha em meados dos anos 1970, vi jogar gente como Günter Netzer e Vicente del Bosque no meio de campo –, porque todos os comentários da visita, por mais que fossem interessantes, e até mesmo a descida ao vestiário, distraíam minha tentativa de imaginação daquele estádio lotado. Por outro lado, experiência tão empolgante quanto as vividas no estádio do Dortmund e na Bombonera eu só me lembro de ter tido no estádio Centenario de Montevidéu. Ele foi aberto em 1930, em comemoração ao centésimo ano da fundação do país, e justamente cinco dias antes da final da primeira Copa do Mundo, em que, a 30 de julho, o Uruguai venceu a Argentina por 4 a 2, diante de 93 mil espectadores. Também lá me sobreveio o sentimento de vir a ser parte de uma história para mim quase desconhecida, que estava conservada naquelas paredes, e que me acolheu.

Mas como esse fascínio por estádios vazios pode ser não apenas descrito, mas de fato explicado? É notável que raramente os estádios mais famosos estejam – como a princípio se poderia esperar, por motivos práticos – na periferia das grandes cidades. Muitas vezes eles foram literalmente engolidos pelo desenvolvimento das cidades e, de algumas décadas para cá, delineou-se uma tendência de trazer os estádios para a proximidade de centros urbanos, mesmo apesar dos altos preços imobiliários. Ali, eles – que, fora dos dias de jogo, são espaços meio que inativos – são cercados pelo incessante fluxo da vida cotidiana. São uma variante secular do espaço sagrado, retirado (esse é precisamente o significado da palavra latina *sacer*) e reservado para breves momentos de realização de rituais, por exemplo, e sobretudo – quando pensamos nas catedrais da Idade Média e nas igrejas católicas até hoje – a produção da presença real de Deus na Festa da Eucaristia.

Apesar dessa afinidade entre estádios e locais de culto, não estou de modo algum renovando a tese demasiado artificiosa (e provavelmente pouco acurada) de que o esporte para espectadores de hoje em dia tenha se tornado um equivalente funcional da religião. Assim como o vazio e o silêncio da catedral, o vazio do estádio durante a semana também contrasta com a intensidade de seus recorrentes períodos ritualísticos – e esse momento específico é a duração da partida. O estádio demarca, mais claramente e também mais vezes do que os espaços religioso-sagrados, os limites entre seu interior, na medida em que este é o lugar de um acontecimento ritualístico, e as diferentes dimensões dos mundos exteriores. Em dia de jogo, passamos por catracas para o interior do estádio e encontramos nosso lugar designado; as equipes sobem para se aquecer no campo vazio, um outro limiar – e o deixam novamente para seus últimos preparativos nos vestiários; elas então retornam ao campo juntas; muitas vezes demarcam a iminência do início do jogo cantando o hino nacional; e repetem a dupla travessia das linhas, indo e voltando, mais uma vez, no começo e ao final do intervalo, antes de deixarem o campo em definitivo ao fim do jogo.

No entanto, na duração de uma partida – e nisso reside o contraste com as igrejas e religiões –, o interior do estádio se torna um palco compacto para uma forma condensada da vida terrena – nada poderia ser menos transcendente. Após o início do jogo, que é um acontecimento previamente estabelecido e bem delimitado (apito do juiz, pontapé inicial), há abertura, decisão, estratégia, destino e ressonância – que se aproximam e se afastam de nós. Tudo, a vida inteira, inclusive nós mesmos, está então reunido dentro do estádio, e não fora, e os alcances limitados da completude da vida e do ser se põem em indissolúvel oposição ao vazio do estádio durante a semana. É justamente nessa duplicidade que o estádio torna presente o que Martin Heidegger certa vez disse ser a "verdadeira" questão filosófica – que não poderia ser respondida pelo homem –, a saber, a questão de por que existe algo em vez de nada. É claro que "tornar presente" essa questão não significa "apresentá-la" ou "representá-la". Jogos em estádio não são nem metáforas nem alegorias para investigações ou problemas filosóficos – e nada, de fato, seria mais prejudicial para a intensidade da experiência de estádio do que a muito diferente intensidade da reflexão filosófica. Mas, assim como a Bombonera, por uma noite, permitiu que eu fizesse parte das histórias cujos nomes e datas eu não conhecia, a concentração em um jogo envolve um sentimento de relevância incondicional, em que a dignidade da "verdadeira" questão filosófica se adensa.

Portanto, não pode existir num estádio um evento sem espectadores justamente porque o evento, na medida em que é um ritual da plenitude da vida, depende do contraste com o estádio vazio, cujo estatuto particular remete de volta à imaginação de uma abundância de espectadores – e, em comparação a isso, o apoio barulhento dos torcedores aos jogadores se torna uma questão menor (e estatísticas mostram que a efetividade da chamada "vantagem de jogar em casa" historicamente tem diminuído). É claro que se pode acompanhar e analisar um jogo sem espectadores nos meios de comunicação (e até mesmo no estádio), mas, desse modo, ele não será, nem em sua realidade nem em seu efeito sobre os telespectadores (tanto *ontológica* quanto *existencialmente*), o que ele pode e deve ser enquanto ritual. E é exatamente segundo essa premissa de um potencial específico do evento em estádio que a torcida se comporta; os milhares no estádio não se comportam como uma enorme coleção de indivíduos cuja conduta se determina pela média de múltiplos comportamentos individuais.

As multidões de espectadores mostram ser um fenômeno inteiramente diferente, que não deve ser confundido com um *grande indivíduo*, por assim dizer, nem ser reduzido à mentalidade de um suposto *homem-massa*. É também esse estatuto particular da torcida que traz o estádio vazio ao nosso sentimento e à nossa vivência sem torná-lo apreensível. E é exatamente disso que tratarão minhas considerações, isto é: conceitos, teses e argumentos que descrevam os contornos e possam trazer à compreensão um tipo específico de comportamento humano – o comportamento das multidões. Essa é uma preocupação minha de longa data, e não apenas porque sou viciado em estádios vazios, mas também porque passei alguns dos melhores momentos da minha vida como parte de torcidas – por exemplo, e principalmente, como parte da Tribuna Sul em Dortmund. Jamais me senti amedrontado por lá, por mais que, com a idade mais avançada, os funcionários do estádio e meus amigos começassem a alertar que aquele já não deveria mais ser o meu lugar. Por outro lado, não quero romantizar as multidões com os olhos cheios de lágrimas. Sua afinidade com atos de violência coletiva não pode ser negada, e esta é até, possivelmente, a única forma de comportamento pertencente a ela da qual podemos, empiricamente, ter certeza. No entanto, até o momento me mantenho firme na convicção de que a afinidade com a violência não é suficiente para uma descrição de seu comportamento.

Como já dito, o assunto me preocupa há muito tempo, mas também alcançou uma dupla atualidade e evidência durante as semanas em que eu escrevia este texto (e eu levei muito tempo até começar a escrevê-lo). Em um primeiro momento de conscientização da ameaça que o coronavírus representava, houve, globalmente, um curto período de transição em que os eventos em estádio, sobretudo por razões econômicas (para receber a renda gerada pelos direitos de transmissão), foram substituídos pelos

Torcidas

jogos sem torcida. Os eventos esportivos com presença maciça de espectadores desapareceram em quase todo o mundo, o que, em primeiro lugar, parecia confirmar a opinião de seus poucos inimigos públicos remanescentes de que eles sempre foram uma coisa menor da vida; e, em segundo, também pareceu antecipar a exigência de que, em um mundo pós-corona, tivéssemos que relegar, por um bom tempo, o esporte de espectadores a estádios vazios.

Mas na Alemanha, em especial, as primeiras ideias para a criação dos jogos sem torcidas surgiram não apenas devido ao risco de contágio, mas também pelo surgimento de um acalorado confronto entre, de um lado, clubes da primeira divisão, junto a seus patrocinadores e a Federação Alemã de Futebol (ou seja: a Bundesliga) e, de outro lado, aqueles grupos de torcedores que partilham de uma paixão incondicional pelas respectivas equipes, são tendencialmente propensos à violência e gostam de se chamar de *torcidas organizadas*. Com ações orquestradas, as organizadas de várias equipes atacaram, quase literalmente, o patrocinador do TSG 1899 Hoffenheim, Dietmar Hopp, bilionário dono da SAP. "Quase literalmente" porque os grupos de torcedores em vários estádios haviam mostrado cartazes em que se via o rosto de Hopp sobreposto por um alvo. Dignitários da federação de futebol, dirigentes dos clubes e também uma grande parte dos jogadores reagiram como se os torcedores tivessem de fato atirado em Hopp e exigiram, além de uma interrupção imediata das ações, um pedido de desculpas. Eles o conseguiram, dentre outros, das organizadas do Schalke 04, que, como uma pequena vingança, também pediram desculpas a todas as prostitutas por terem chamado Hopp de "filho da puta".

É claro que os protestos já não eram mais sobre Dietmar Hopp. Ele servia apenas como símbolo aglutinador, como um alvo simbólico de antipatia – e não como seu verdadeiro objeto. Antes, relevadas as rivalidades entre os clubes, veio à tona, da parte das organizadas, um sentimento ao mesmo tempo forte e vago de que sua presença e o estilo de comportamento que traziam aos estádios não eram mais bem-vindos. Ninguém foi capaz de descrever essa presença e esse comportamento das torcidas com precisão suficiente para que pudesse ter havido uma discussão efetiva (em oposição à mera troca de acusações), ou mesmo negociações produtivas – nem os dirigentes e as autoridades, que estavam exclusivamente fixados no aspecto da violência, nem as próprias torcidas, porque elas não se expressam por meio de conceitos. E é de tal possibilidade de descrever e entender o comportamento das multidões, mesmo que de forma rudimentar, que quero tratar aqui.

2
As massas de estádio

Ficar na Tribuna Sul, em Dortmund, significa deixar a individualidade em casa e, com ela, todos aqueles conceitos de que nos utilizamos no dia a dia para observar e controlar nosso comportamento. Essa deve ser a razão pela qual podemos chamar a Tribuna Sul de uma forma de experiência intensiva que nos é familiar, mas que temos dificuldade em descrever. A própria expressão "massa de estádio" já soa grosseira, pois ela canaliza o olhar a partir de fora para uma situação cuja premissa elementar é, justamente, um estar-dentro. É somente com nossos corpos que podemos pertencer a uma torcida e nos tornamos parte de uma relação com outros corpos, algo que, a princípio, não tem nada a ver com interesses comuns, solidariedade ou consenso, mas tão somente com corpos. Em outras palavras, uma torcida se trata da única forma de estar-junto-a, da única forma de sociabilidade humana, cujos elementos fundamentais são corpos.

Obviamente, uma torcida em estádio não é vivenciada em sua condição de massa, mas sim de forma descentralizada, em cada corpo individual, na condição de um interior vivo que não precisa de qualquer forma ou contorno. E esse interior, no melhor dos casos, isto é, no mais cheio dos casos, não deixa livre qualquer outro espaço que não aquele ocupado por cada corpo individual. Ninguém consegue se mover livremente em uma torcida, e menos ainda na arquibancada geral, onde os corpos por pouco não se tocam, embora a questão não tenha a ver com o toque. Ninguém fala sem necessidade com outros. Todos estão concentrados exclusivamente no campo, abertos ao que lá acontece e que não pode ser antecipado. Na torcida, estamos sozinhos com nossa concentração e, contudo, pressupomos que nossa própria reação ao que acontece no jogo será acompanhada por milhares de reações análogas. Nesse pressuposto estar-acompanhado no interior, deixamo-nos levar pelo que vemos acontecer no jogo, algo que raramente se compara, em complexidade e precisão, ao que a transmissão pelas mídias oferece (falo, naturalmente, para defender minha própria decisão entusiasmada de, por vezes, ficar na Tribuna Sul – e não daqueles que ficam lá porque só conseguem pagar os ingressos mais baratos). Na condição de massa, na torcida queremos estar todos juntos o mais próximo possível, colados, por assim dizer, ao campo, sem jamais nos tornarmos um com ele, também porque essa proximidade ao campo redobra a sensação de estar-dentro – da torcida e do estádio.

Então, estar na torcida significa encontrar-se na interseção de duas relações: em primeiro lugar, na relação lateral com outros corpos que nos acompanham e na relação comum, transitiva, por assim dizer, ao campo e a seus fenômenos específicos. Em segundo lugar, estar na torcida significa, em todo caso, ser corpo, corpo em relação a outros corpos, mas também em relação à percepção de si. Por fim, estar na torcida significa

Torcidas

estar-dentro segundo dois aspectos: por um lado, cercado de outros corpos e, por outro, perto do campo, bem no centro do estádio. É claro que se pode estar na torcida sentado em um assento, desde que a orientação transitiva para o campo não seja interrompida e a relação lateral para com outros corpos não se transforme em conversa – na torcida, pode-se abraçar após um gol, gritar juntos, cantar juntos, mas não será o lugar de se trocar ideias ou opiniões.

Por conseguinte, os camarotes definitivamente não fazem parte da experiência de torcida e de interioridade do estádio, pois a orientação para o campo é modificada ou efetivamente interrompida pela variedade de telas, lanches, bebidas, música e, principalmente, pelo falatório, de modo que a relação lateral para com outros visitantes do estádio que lá encontramos faz com que se retome a consciência cotidiana individual como unidade básica em detrimento da experiência que se tem na torcida, em que o corpo é o elemento fundamental. Em outras palavras: são precisamente os camarotes e suas distrações que quebram e suspendem o estatuto particular da sociabilidade mediada por corpos no estádio – enquanto sociabilidade do corpo. Por sua vez, as centenas de milhares de pessoas que se reúnem para assistir a uma missa papal, por exemplo, certamente resguardam uma série de afinidades com as torcidas em um estádio.

No entanto, as reuniões religiosas ao ar livre geralmente não possuem uma estrutura arquitetônica que dê forma à multidão, tendencialmente reduzindo a distância espacial concreta entre seus corpos – a menos que a cerimônia ocorra em um estádio. Esse parece ser cada vez mais o caso de shows de música popular, enquanto o desligamento absoluto dos corpos dos ouvintes em concertos de música clássica leva a relação lateral com os

Hans Ulrich Gumbrecht

ouvintes sentados ao redor de volta a uma silenciosa relação de consciência – o que provavelmente explica por que nunca nos ocorreu falar da plateia de um concerto de música clássica ou de uma ópera como sendo uma "multidão" (nem de esperar um conjunto de movimentos corporais ao ritmo da música). Eu gostaria, assim, de ilustrar e diferenciar os já citados aspectos elementares da existência na torcida com lembranças de minhas próprias vivências. Trata-se de uma coleção de observações que servem como orientação para a tentativa deste ensaio de entender e começar, realmente, a explicar o comportamento das torcidas.

Como parte daquelas lembranças cheias de detalhes que preservamos de alguns momentos especiais de nossa infância, ainda hoje consigo evocar em minha imaginação um jogo de futebol que eu teria visto em 12 de fevereiro de 1958, antes dos meus dez anos de idade, no antigo Estádio Terra Vermelha de Dortmund. Era o jogo de ida das quartas de final da segunda edição da então Copa Europeia de Futebol dos Campeões Nacionais (hoje UEFA Champions League) entre o Borussia Dortmund (campeão alemão em 1956 e 1957) e o AC Milan (campeão italiano em 1957). É óbvio que eu não tinha mais a data guardada na memória – e também não consigo explicar como me foi permitido, sendo aluno do quarto ano do ensino fundamental em Würzburg, estar em Dortmund em uma quarta-feira. Não sei ao certo se vi o jogo com meu avô, que tinha 60 anos e já sofria de uma doença fatal que o matou no outono daquele mesmo ano, ou com meu tio de 25 anos; mas, de qualquer forma, deve ter sido meu rico avô quem pagou pelos excelentes ingressos. Nunca me esqueci de que se tratava da Copa Europeia, mas por muitos anos pensei que o Borussia havia jogado contra a *neroazzurra* Internazionale de Milão, meu time favorito da Serie A

Torcidas

italiana desde os seis meses que passei em Pavia em 1972 (época do grande meio-campista Sandro Mazzola) – e não contra o *rossonero* AC Milan.

Diante da névoa de uma mistura de memórias bem vagas e informações precisas que hoje podem ser obtidas eletronicamente sem esforço, há uma camada de lembranças imediatas que se tornam – literalmente – presentes para mim com força de irresoluta certeza cada vez que eu chego perto do Estádio Terra Vermelha, um projeto socialista de desenvolvimento urbano de 1926 que hoje é bem preservado como um memorial histórico e localizado ao lado do estádio muito maior em que o Borussia Dortmund joga desde 1967. Tenho a certeza, por exemplo, de estar sentado na terceira fila, de baixo para cima, da – bem pequena – arquibancada coberta, e bem próximo ao corredor por onde os jogadores entravam e saíam do campo em direção aos vestiários. O estádio estava, como consigo até mesmo ver agora diante de mim, abarrotado naquele 12 de fevereiro de 1958, embora o *website* da UEFA dê o número de 28 mil espectadores, o que não corresponde à estimativa de "cerca de 40 mil" que eu então recebi de meu tio como resposta para a pergunta, que até hoje me é obsessivamente importante, sobre o número de espectadores daquele jogo.

Por mais de noventa minutos, sem exceção, fiquei sem palavras e concentrado no campo, que era iluminado por uma antiga versão do holofote, tão fraca que os jogadores usavam camisas refletoras feitas de nylon que os tornariam, supostamente, um pouco mais visíveis a distância. Sobretudo, ainda consigo sentir o acontecimento de explosiva euforia que irrompeu e se propagou entre todos nós quando o Borussia, no último minuto (com um gol contra de Bergamaschi, como se pode conferir) chegou

Hans Ulrich Gumbrecht

ao empate de 1 a 1. Não tenho, diante de mim, lembrança alguma de uma jogada, nem mesmo de quem fez o gol, mas tenho muito claro o sentimento físico de um alívio e o orgulho de um sucesso, como se eu tivesse participado do lance do gol. Redenção e consumação — embora o gol no final certamente não tenha que inspirar nada além de uma inconsequente alegria coletiva sobre si mesmo (um empate em casa em um jogo de ida de mata-mata nunca é um bom resultado). Nesse exato momento, tornei-me — para a vida toda, como está claro — torcedor do Borussia.

Logo após o gol contra do Milan, o árbitro inglês Arthur Edward Ellis (que também havia apitado a final da Copa do Mundo de 1954, em Berna, entre Alemanha e Hungria) terminou o jogo de ida das quartas-de-final — e os jogadores de Dortmund deixaram o campo como heróis pelo corredor que passava ao lado de meu assento com as expressões radiantes de grandes vencedores. O capitão Adi Preißler, de cabelo ralo, o mesmo Adi Preißler que entrou para a história do clube com a frase "o decisivo é dentro de campo", famosa entre os torcedores do Dortmund, Adi Preißler repetidamente erguia, logo ali ao meu lado, o braço direito e sua mão à meia altura em uma saudação, sem que eu compreendesse o significado simbólico do gesto (provavelmente, nem mesmo ele o compreendesse). Com consequências irreversíveis, eu me tornei — na torcida em uma noite sob holofotes — parte de um acontecimento e de sua onda de euforia. Eu sequer percebi que o Borussia perdeu a volta por 4 a 1 em Milão seis semanas depois (e não em duas semanas, como hoje em dia) — e mesmo a clareza posterior sobre o significado histórico do gesto de Preißler não retirou a intensidade daquele 12 de fevereiro de 1958 que até hoje volta à minha lembrança. Foi — e sempre é — uma felicidade de tirar o fôlego

Torcidas

o que aconteceu comigo no interior do estádio lotado e aquilo certamente jamais teria sido deflagrado não fosse a concentração admirada sobre um jogador em especial, Adi Preißler.

Quando fazemos parte de uma torcida, talvez seja para os movimentos e gestos singulares de atletas individuais, sobretudo enquanto acontecimentos, que nossa atenção se abra – e é possível que quase independentemente da preferência que tenhamos para seus respectivos times. Em minha galeria de recordações, fica ao lado da saudação constrangedoramente carismática de Adi Preißler um momento de Uwe Seeler, para cujo Hamburgo SV nunca torci muito, tampouco senti nenhuma antipatia em particular. Durante uma partida do quadrangular final do Campeonato Alemão no Waldstadion de Frankfurt (deve ter sido no verão de 1965), em que o Eintracht Frankfurt venceu por 4 a 2, vi, atrás do gol, como o enérgico Uwe Seeler, de voleio à meia-altura, "transformou" um cruzamento em um chute indefensável – e minha lembrança do movimento perfeito no momento exato está ligada a um estalo abafado, como aquele feito por uma rolha quando ela finalmente sai do gargalo da garrafa. "Ruptura do tendão de Aquiles", constatou secamente meu pai, que era cirurgião, ao meu lado, e jurou, quando notou minha surpresa, que se podia ouvir o rompimento do tendão a dez ou mais metros de distância. Mas suas poucas palavras, talvez inventadas pela minha memória, não pertencem de modo algum à lembrança do instante que ficou. Este consiste unicamente no movimento maravilhoso e igualmente eficiente de Uwe Seeler, nas cores azul, branca e preta de seus meiões – e no estalo repentino, totalmente inexplicável.

Do mesmo modo, marcaram a memória de minha primeira partida no Maracanã, estádio que foi construído para a Copa do

Mundo de 1950 para mais de 200 mil espectadores, as arrancadas de Orlando pela direita e o som da voz de meu amigo Luiz. Isso foi em agosto de 1977, quando ainda havia espaço para mais de 150 mil torcedores em um Maracanã então já algo degradado (naquela tarde de domingo cinza e abafada, por exemplo, os banheiros estavam inconcebivelmente trancados). O Vasco da Gama, dono da bela camisa de listra diagonal, jogou, em um dos seis clássicos possíveis no Rio, contra o Flamengo, e aquela famosa defesa do Vasco, bem como no restante do campeonato estadual, mais uma vez não foi vazada, graças, em especial, a Orlando, o primeiro lateral brasileiro de orientação ofensiva. Ele, com seus lisos cabelos pretos, era rápido como um corredor de curta distância e duro nos desarmes como um boxeador peso médio. "Orlando", sussurrava Luiz a cada ataque de sua estrela, quase como em uma oração, em que o "r" carioca soava aspirado como um suave "ch" em alemão, sussurro que se tornou voz plena quando, perto do fim, uma virada de jogo de Orlando quase levou ao único gol do jogo. "O-ch-lan-do!"

Também os espaços e os nomes de estádios cheios onde eu, quando adolescente, via os jogos da divisão sul da Oberliga (a Bundesliga só passou a existir em 1963), em mim permanecem, sem exceção e muito claramente, vinculados a lembranças condensadas em jogadores individuais: o Zabo (minha memória sugere que se chamasse Zerzaberles-Hof), estádio do 1. FC Nürnberg, e o ágil segundo atacante Max Morlock, um dos campeões mundiais pela Alemanha em 1954; o estádio Ronhof, da Spielvereinigung (complicadamente abreviado como SpVgg) na cidade vizinha de Fürth, e Ertl Erhardt, que, após 1954, alçou-se a tenaz zagueiro da seleção alemã; ou o estádio em Stuttgart e Robert Schlienz, meia armador tecnicamente dotado do VfB Stuttgart, que, em um mundo de cheio de veteranos de guerra amputados, havia perdido o antebraço esquerdo em um acidente de carro.

Assim, vivências marcantes em estádio se concretizam como formas permanentes aparentemente apenas quando, em nossa concentração durante o jogo, nos sentimos acompanhados de uma torcida da qual fazemos parte. Por isso, não tenho quaisquer lembranças da final do campeonato alemão de 24 de junho de 1961, em Hannover, embora eu tenha sido um de seus 82 mil espectadores. Não só porque o Borussia Dortmund, que era o favorito, perdeu o jogo de 3 a 0 para o Nürnberg, mas porque meu pai, que estava sentado ao meu lado na seção reservada ao Dortmund, torcia para uma vitória do time dos "seus nuremberguenses" (alegava que ele próprio havia jogado contra Max Morlock quando adolescente) e, portanto, não usava nenhuma roupa ou símbolo nas cores preta e amarela do Dortmund. Foi uma tarde quente que começou com a certeza fatal de não poder fazer parte da torcida por conta da presença disruptiva de meu pai. No final, até mesmo a decepção com uma derrota esmagadora me abandonou. O dia permaneceu banal para mim, e nunca se solidificou em minhas lembranças.

Outra condição que está vinculada à intensidade da experiência de estádio tem a ver com o interior e a lotação. Naqueles domingos "normais" em que eu não ia com meu pai, em seu Opel Rekord, a estádios e jogos em Nuremberg, Fürth, Stuttgart ou até mesmo na próxima Schweinfurt (que tinha um time de camisa verde que jogava na Oberliga, e que era difícil de ser batido em casa), eu ia sozinho aos jogos da liga amadora dos Würzburg Kickers – e sentia tanta falta da experiência de torcida que eu, durante a semana, usava peças de Lego para construir estádios dos sonhos para o time de minha cidade natal, um "primeiro time" para quem meu pai teria supostamente jogado algumas partidas. O que, mais exatamente, faltava para a Kickersplatz ser um estádio? Não era apenas a capacidade, lá onde o número de espectadores variava de 3 mil a 8 mil em um momento em que as televisões ainda eram privilégio da classe alta. Tratava-se, antes, do fato – que para mim sempre foi constrangedor como se eu fosse por ele responsável – de que ele era um campo de terra todo empoeirado – e não, como se diz popularmente, de "grama verde". Além disso, também tinha relação com eu simplesmente ainda ser muito baixo para conseguir ver o jogo de um lado do campo que chamavam de Colina do Marechal, onde quinze ou mais fileiras de espectadores ficavam em pé uns atrás dos outros (entre eles, meu primeiro professor de inglês, Emil Reuter, que tinha um marcado sotaque francês). Eu só conseguia assistir aos jogos de umas esparsas duas ou três fileiras de espectadores que completavam os três outros lados do campo – muito pouco para evocar a sensação de um interior. E eu ainda conhecia "pessoalmente" um dos jogadores do Kickers, o zagueiro Schorsch Schülein, camisa 3, amigo de meu pai, o que tornava impossível sentir e manter aquela atenção não individual que se forma em uma autêntica multidão de estádio. Em esportes amadores ou em esportes que nunca enchem o estádio, nossa presença é completamente diferente. Do mesmo modo que um parente ou ex-companheiro de equipe quase que ainda faz parte, ele próprio, da competição quando está comentando profissionalmente, sem a neutralidade lateral, sem o interior da torcida e a distância paradoxalmente próxima aos heróis em campo.

Contudo, se alguém quisesse saber qual foi, de fato, a experiência em estádio mais sublime nos bons sessenta anos em que

Torcidas

vivi segundo um mandamento (flexível) de ver *in loco* ao menos um evento esportivo por semana (quando possível, em uma torcida), eu não nomearia um jogo de futebol, mas a partida de rugby entre Austrália e Nova Zelândia de 18 de julho de 2000, com a qual o estádio para os Jogos Olímpicos de Sydney (o Stadium Australia) foi inaugurado. Vindo do Japão, eu havia chegado a Sidney alguns dias antes com minha esposa e três de nossos quatro filhos e, logo após o *check-in*, fiz ao *concièrge* do hotel minha habitual pergunta relativa à ocorrência de algum evento esportivo durante nossa estadia. Como em um conto de fadas, seguimos sua dica e acabamos ganhando de presente de um ex-jogador da seleção nacional que era dono de um bar nas cercanias do hotel cinco ingressos para o primeiro jogo de rugby de nossas vidas. Mais uma vez nos encontramos detrás das traves do gol, no meio de quase 110 mil torcedores, dos quais um quinto havia vindo da Nova Zelândia para torcer pelos seus *All Blacks* (também chamados de *Kiwis*). Era a Austrália (os *Wallabies*), no entanto, que era então a campeã mundial e a equipe claramente dominante nessa que é a mais intensa de todas as rivalidades nacionais no Hemisfério Sul.

O jogo começou furiosamente. Depois de pouco mais de cinco minutos, a Nova Zelândia já vencia por 24 a 0 com três *tries*, tendo a Austrália tocado uma única vez na bola. Jonah Lomu, de 25 anos, que então estava a caminho de se tornar a primeira verdadeira estrela mundial de seu esporte, igualmente saltava aos olhos. Com quase dois metros de altura, mais de 120 quilos e de cabeça inteiramente raspada a não ser por um estreito tufo de cabelo preto na frente, ele era um inacreditável velocista (100m em 10,8 segundos) que vez ou outra quebrava, com moderada violência, pelo lado esquerdo, a marcação do jogador de defesa

Hans Ulrich Gumbrecht

– algo que, com o passar do jogo, acontecia cada vez mais. Mas os Wallabies logo voltaram para o jogo e já haviam passado na frente no início do segundo tempo – enquanto nós há muito havíamos entendido que, para acompanhar um esporte desse nível tão sublime, não era necessário que se tivesse um conhecimento sólido de suas regras. Então a liderança mudou mais uma vez até a Austrália estar novamente na frente por três pontos, minutos antes do final. Mas, por fim, um inacreditável último passe colocou Lomu novamente em movimento e, desvencilhando-se de todos os defensores a poucos centímetros de sair pela linha lateral, ele correu em nossa direção para colocar a bola no chão na zona de *try* com um movimento gentil, quase casual.

Os Kiwis venceram e nós fazíamos parte de uma euforia que se espalhou e capturou todos os espectadores no estádio como uma única massa. Nenhum jogador queria deixar o campo, ninguém nas arquibancadas sabia para onde ir com tamanho prazer relativo à sublime destreza dos atletas, ao improvável sucesso de suas jogadas e ao drama oscilante no que foi uma batalha entre as duas equipes. No caminho de volta ao centro, imaginamos que somente um espírito específico, isto é, uma esportividade particularmente nobre do rugby, poderia ajudar os torcedores australianos a superar a dolorosa derrota de seus Wallabies. A verdade veio em uma enorme manchete no jornal que, na manhã seguinte, nos foi empurrado por debaixo da porta do quarto de hotel: *"Greatest Rugby Test Ever Played!"* [o maior amistoso de rugby já jogado!]. É assim que o jogo de 18 de julho de 2000 em Sydney permanece canonizado até hoje.

Aquele ímpeto, aquela explosão de euforia culminando no movimento de nossos corpos, cujo espaço, no estádio, é limitado e ainda sem direção, certamente estão relacionados à

Torcidas

violência entendida como energia dos corpos utilizada para ocupar espaços frente à resistência de outros corpos — é isso que está por trás da violência que se associou às massas, sobretudo às torcidas. Contudo, tamanha violência raramente pode ser compreendida como sendo expressão de um protesto ou de uma decepção. Pelo contrário, as multidões em euforia provavelmente se comportam de modo ainda mais "perigoso" do que em um estado de espírito negativo. Por outro lado, talvez possa ser difícil retirar tal violência daquele sentimento expansivo de prazer, sentimento que pressupõe tanto um acompanhamento lateral silencioso de outros corpos quanto parece igualmente atrelado à função disparadora de certos gestos ou movimentos corporais emblemáticos vivenciados. Queremos estar o mais concebivelmente próximos de tais gestos e movimentos, podendo eles se aproximar de nós até mesmo à distância de um toque. No entanto, eles permanecem sempre e ao mesmo tempo separados e nunca passam ao nosso espaço da torcida, como aquele estalo abafado e o elegante chute de Uwe Seeler, os quais, apesar de toda a imediatidade, permanecem sempre distantes, como se em um palco.

As extraordinárias formas de performance alcançadas pelos atletas inspiraram os hinos de Píndaro no começo da tradição lírica europeia assim como, ao longo dos séculos, também outros textos de entusiasmo — embora, em geral, haja menos documentos relativos à tal euforia do que possamos imaginar. Nunca foi posta em movimento a tentativa de um discurso sobre o prazer do estar-na-multidão e sobre suas possibilidades incomuns, e tais momentos estão, já há mais de cem anos, sujeitos a um tabu intelectual explícito. Somente na tradição teológica cristã foi cunhado, para esse tema e para a sociabilidade mediada pelo corpo, o conceito hoje quase esquecido de *corpo místico*. Em relação a isso, eu lembraria de um outro jogo de abertura (é um acaso que eu me lembre de tantos deles?), e justamente no Maracanã, após sua renovação e reforma para pouco menos de 80 mil lugares antes da Copa do Mundo de 2014. Foi um ato de iniciação que se deu em uma partida do Campeonato Brasileiro entre Flamengo e Cruzeiro, em que o Flamengo venceu por 3 a 0.

Como minha esposa e nossa filha Laura Teresa quiseram vir junto comigo, comprei três caros assentos na numerada — mas as placas e os ajudantes no estádio acabaram nos direcionando para a seção da Falange Rubro-Negra, uma torcida organizada certamente infame com um nome que (apesar de que talvez apenas para mim) soava fascista (*falange*). Não havia nenhum lugar e, com toda a certeza, nenhuma liberdade de movimento entre os corpos ali concentrados com seus foguetes, fumaça, cantos com as obscenidades mais elementares a partir de variações de um verbo em português intraduzível para outras línguas. "Vou trocar os ingressos agora", eu disse em tom apologético e já calculando gastar mais algumas centenas de reais. Mas Ricky e Laura não responderam. Elas já pulavam no ritmo da organizada do Flamengo e cantavam, com o famoso sotaque suave do Rio, aquelas palavras cujo conteúdo, felizmente, lhes permanecia oculto por nunca terem antes falado português. Como naquela tradição cristã, "elas falavam em línguas" — a mesma tradição que inventou o conceito de corpos místicos.

3
Desprezo às massas

Não é bem que multidões queiram se expressar; nelas, ficamos sem palavras e também não temos quaisquer conceitos que caracterizem expressamente aquilo que muitas vezes as torna tão atraentes. Esse é um dos lados do problema com que o tema nos confronta. O outro tem a ver com um discurso de desprezo em relação às massas que está difundido entre os intelectuais e que sempre, até os dias de hoje, volta a dar as caras quando alguém quer descrevê-las de modo "neutro" ou até mesmo com um sentimento de simpatia. A pré-história desse discurso de desprezo se deu ao longo do século XIX, entre as classes médias europeias, com a institucionalização e a entronização de uma autoimagem obrigatória enquanto indivíduo, isto é: na condição de uma pessoa que, acima de tudo, quer se distinguir das outras. Alguém como Friedrich Nietzsche, por exemplo, que até o final de seus escritos, por volta de 1888, atacou regularmente o "instinto de rebanho" dos contemporâneos, faz parte do percurso de incubação do desprezo às massas, que acaba sendo também difuso por conta de sua quase onipresença. Por outro lado, sendo um discurso construído, ele tem um princípio que poderia ser datado e uma estrutura surpreendentemente estável, na verdade até de modo quase que teimosamente compulsivo, da qual a reflexão sobre as massas jamais conseguiu realmente escapar.

Essa estrutura foi introduzida com a maciça ressonância europeia do livro *Psicologia das multidões*, publicado em 1895 por Gustave Le Bon, um autor francês que, com alguma distância do mundo acadêmico, fez fama sobretudo pelas reflexões sobre questões populares das ciências da natureza (ele foi indicado, em 1903, ao Prêmio Nobel de Física, que acabara de ser instituído). Le Bon estava escrevendo sobre as massas com uma intenção bastante polêmica – e também cautelosa –, algo visível quando ele constata, na "Introdução" à sua obra, que elas deveriam ser consideradas como "o último soberano remanescente" no mundo político – e que seria por isso que se estaria "no início de uma era das massas". Todas as "civilizações" teriam sido "criadas" por compactas "aristocracias intelectuais", enquanto a função e a vocação das massas residiriam, em geral, na "destruição", ou, mais especificamente para o fim do século XIX, na destruição "bárbara" de todas as culturas herdadas, cujo "poder moral" teria perdido "sua força". Pois, "como micróbios", as massas consumariam a "dissolução de corpos enfraquecidos ou já mortos".

Após esse prelúdio severo, de metáforas tão drásticas quanto centrífugas, o texto de Le Bon prossegue para uma tese básica, tese à qual ele – e não apenas ele – iria aderir estritamente. Toda reunião de pessoas em uma massa, ele afirma, desencadeia, nos indivíduos, "transformações" específicas que sempre vêm à tona, algo que, para o prosseguimento de sua reflexão, significa que não se terá em vista uma fenomenologia própria do comportamento de massa, mas uma versão rebaixada de individualidade, a saber, o infame espécime do *homem-massa* que mencionamos anteriormente. Na massa, segundo Le Bon, viria à tona o subconsciente do indivíduo, isto é, aquela dimensão que consiste em uma camada da qual ele pouco consegue se diferenciar. Em primeiro lugar, isso levaria a um esmorecimento e redução da inteligência que, em contrapartida, seria justamente o que produziria diferenças entre indivíduos. Em segundo lugar, na massa, um indivíduo se sentiria fortalecido e, portanto, incentivado a seguir "impulsos irresponsáveis". A isso se incluiria, em terceiro lugar, uma tendência a se adotar (ou seja, a se copiar) os modos de comportamento de outros membros de uma massa como que "por meio de um contágio" e, em quarto lugar, haveria uma "disposição para hipnose", ou, em outras palavras: o desejo de ser determinado de fora ("As massas querem um Deus").

Essa descrição de Le Bon ainda soa factível, para não dizer que anda até mesmo em boa forma, pois até hoje a maioria de nós, no decorrer de uma socialização normal, se depara com ela em uma ou outra versão – o que significa, portanto, que a incorporamos ao saber cotidiano, inclusive com a ocasional e amigável observação relativizante de que as massas não seriam apenas caracterizadas por sua "tendência à criminalidade", mas também por um "potencial de heroísmo". As motivações para a decidida posição de Le Bon são evidentes, tanto em termos biográficos quanto no que se refere à sua mentalidade histórica. Em sua terceira década de vida, em 1871, ele vivenciara o acontecimento da Comuna de Paris como reação à derrota na Guerra Franco--prussiana, o segundo momento revolucionário, após 1848, que não se devia exclusivamente às energias burguesas – e permaneceu desde então traumatizado com o medo de uma ascensão das massas ao estatuto de agentes políticos e da legitimação de sua violência. A razão cronológica mais próxima do livro de Le Bon foi a ascensão, em 1889, do general Georges Boulanger, que era imensamente popular entre as massas e que encarnava o tardio sonho de uma guerra de vingança contra a Prússia-Alemanha. É verdade que Boulanger desperdiçou o momento de um possível passo em direção ao poder ditatorial, mas deixou, entre as classes republicanas educadas (o conceito do *intelectual* ainda não existia) de toda a Europa, um medo duradouro dos movimentos de massa e de suas reivindicações, algo que ficou particularmente evidente na França e contribuiu para a sustentabilidade histórica da Terceira República enquanto estrutura institucional de normalidade de Estado.

A medida de quanto tempo e de como o horizonte do pensamento sobre as massas permaneceu limitado pelo efeito da *Psicologia das multidões* de Le Bon é claramente exemplificada pelo tratado, até hoje tido em alta conta, *Psicologia das massas e análise do eu*, do grande Sigmund Freud, publicado em 1921. Freud não só dedica um capítulo inteiro a uma recapitulação das teses de Le Bon como também adota sua arquitetura argumentativa sem maiores alterações, variando apenas, com suas próprias versões, conceitos fundamentais usados por seu antecessor (que lhe abriram, sobretudo, perspectivas de novos desenvolvimentos para motivos teóricos surgidos anteriormente). Como em Le Bon, em Freud a premissa é a de que "o indivíduo na massa" se transformaria fundamentalmente, já que aquela lhe proporcionaria o sentimento de "poder e segurança". No lugar do "inconsciente", que aparece em primeiro plano em Le Bon, em Freud surgem mais especificamente "as pulsões", o "contágio" se torna "indução mútua" e, é claro, vem a jogo a "libido narcisista" em relação ao desejo das massas de ter um "líder hipnotizante" ou um "Deus". A massa seria "impulsiva, mutável, irritável", escreve Freud, ela seria "quase que exclusivamente guiada pelo subconsciente". Mas Le Bon já havia chegado até esse ponto – e fica o lamento de que, em seu livro, a imaginação teórica singularmente poderosa de Freud possivelmente tenha sido impedida de especular sobre um comportamento hipoteticamente genuíno das massas em vez de, simplesmente, sobre o indivíduo na massa.

Contudo, foi *A rebelião das massas*, de José Ortega y Gasset, que se alçou como o livro mais internacionalmente famoso na tradição fundada por Le Bon. Sendo o livro a reunião de uma série de artigos publicados no jornal *El Sol*, ele ainda emana a bastante confiante atmosfera da burguesia ocidental da metade dos anos de 1920 – apesar de sua publicação como livro, em 1929, ter coincidido com o colapso da economia global. Como Le Bon e Freud antes dele, Ortega supôs que o indivíduo (e, aliás, "o indivíduo de qualquer classe social") mudava quando sob a influência e enquanto parte de uma massa, pois esta lhe daria uma sensação de "bem-estar e satisfação de si" que o incentivariam a "fazer exigências". Com notável talento para um fraseado ao mesmo tempo conciso e inovador, Ortega desenvolveu, para muito além de Le Bon e Freud, sobretudo um repertório tipológico que descreve tais *homens-massa*. Esse homem-massa se comportaria como "um garoto mimado", mas também como um "senhorito satisfeito" que, por um lado, nega a existência de certas instituições e valores, mas, por outro, neles confia secretamente. Nessa configuração do senhorito satisfeito, Ortega queria localizar a substância social do fascismo de então, que estava em ascensão em todas as sociedades europeias. Acima disso, porém, o homem-massa se caracterizaria por uma assimetria entre "insistir em seus direitos" e "esquecer de seus deveres" – o que fazia dele uma antítese das elites burguesas automotivadas.

Foi justamente essa referência histórica ao fascismo internacional e ao nacional-socialismo alemão, assim como sua escalada galopante, que levaram, após 1945, o desprezo às massas, que já era evidente entre os intelectuais por volta de 1930, a um endurecimento definitivo. E isso não apenas porque seus fundamentos conceituais continuaram a encontrar forte ressonância, mas porque o fascismo e o nacional-socialismo de fato tiveram a "encenação das massas nacionais" como seu ritual central. No começo desse movimento houve a tomada do governo italiano por Mussolini, que se deu por meio da "Marcha dos Camisas Negras sobre Roma" no ano de 1922; ela encontrou uma repetição à risca na "tomada de poder" do partido de Hitler com um desfile da SA, em Berlim, em 30 de janeiro de 1933; e atingiu seu clímax monumental nos comícios de Nuremberg do Partido Nazista na década de 1930, cuja estética, na época, conquistou não apenas os partidários de Hitler; e, em fevereiro de 1943, chegou a um desfecho potencialmente suicida com o frenético "Sim!" da multidão à pergunta feita por Joseph Goebbels em seu discurso no *Sportpalast*: "Vocês querem a guerra total?". Desde então, usar o termo "massa" em referência a estruturas e movimentos com implicações positivas tornou-se impossível para aqueles que desejam preservar certa aura de educação e erudição.

Ao mesmo tempo, parece persistir uma necessidade de repetição e ilustração das teses de Le Bon, evidenciada sobretudo pela história da recepção do livro *Massa e poder*, publicado pela

Torcidas

primeira vez em 1960 por Elias Canetti, vencedor do Prêmio Nobel de Literatura em 1981. Um intelectual público proeminente recentemente exigiu que se lesse este texto "novamente a cada dez anos" – e até hoje ele se encontra frequentemente mencionado ou sendo citado como uma "obra-prima". Contudo, filosoficamente, o livro de fato não vai – apesar da prosa elegante de Canetti e diante do pano de fundo de seu impressionante conhecimento histórico – muito além de Le Bon, Freud ou Ortega y Gasset (à parte de algumas observações positivas sobre as massas, como não poderiam faltar em um livro de tamanha extensão).

Canetti começa com a tese de que o ser humano individual em uma massa perderia seu "temor do contato" e, para além desse limiar, tenderia a uma "descarga" sob a forma de uma "ânsia de destruição". Em seguida, seu livro se deixa levar por um verdadeiro furor de tipologias que, em formulações mais modestas, também já apareciam em Le Bon e Freud (por exemplo: "massas de acossamento", "massas de fuga", "massas de proibição", "massas de inversão", "massas festivas"), além de opulentas ilustrações antropológico-culturais daquela mesma advertência de sempre contra as massas que acaba por ensejar uma análise do *comando* (o que, no caso de Canetti, provavelmente remonta a um temor da década de 1920 de se deixar corromper no interior de uma massa). Ao mesmo tempo, alguns dos materiais de culturas não ocidentais discutidos e, sobretudo, suas observações particularmente produtivas sobre o *ritmo* das massas poderiam sugerir que ele fosse além do *status quo* do desprezo à massa. Mas, página a página, o entusiasmo cada vez mais claro de Canetti por uma imagem de si como indivíduo culto vai se colocando em oposição a esse possível passo,

Hans Ulrich Gumbrecht

entusiasmo que faz de seu livro, até hoje, uma das leituras favoritas entre nós, intelectuais.

Nessa leitura retrospectiva, um ensaio de Siegfried Kracauer de 1927 é o que parece chegar mais perto de constituir uma exceção ao discurso introduzido por Le Bon. Sob o título de "O ornamento da massa", ele aborda, antes de tudo, as Tiller Girls, um grupo de dança britânico orientado no sentido de uma perfeita coordenação coreográfica de vários corpos, embora, na periferia de suas considerações, também surjam sempre os "estádios cheios". Somente na configuração "de massa", a saber, não enquanto indivíduo (e, aparentemente, Kracauer também adota, embora sem citar, a premissa de Le Bon de um subconsciente que vem à tona), apenas como massa seria possível dar corpo a um ornamento abstrato. E então, por algumas páginas, a avaliação dos respectivos fenômenos permanece ambivalente, e lemos que o "grau de realidade" de um ornamento de massa seria mais elevado do que naquelas "produções artísticas que cultivam sentimentos nobres e tradicionais em formas obsoletas". Entretanto, no fim Kracauer também se decide por ver, no caráter abstrato do ornamento, um "culto mitológico" da racionalidade, "um disfarce" da razão. E assim ele antecipou estruturalmente aquele argumento que Max Horkheimer e Theodor W. Adorno desenvolveram sobre a teoria da indústria cultural, durante seu exílio californiano na Segunda Guerra Mundial, no capítulo central da *Dialética do esclarecimento*.

Aparentemente, com a intenção de não se excetuar à tradição marxista de fazer um uso positivo do conceito de massa, a crítica de Horkheimer e Adorno se concentra em uma forma supostamente americano-capitalista de produção cultural voltada para o consumo e que visa as massas — e não o comportamento das próprias massas. O consumo de produtos da indústria cultural consumaria uma alienação das massas de seus legítimos interesses próprios e necessidades – fazendo com que as massas se tornem vítimas da indústria cultural. Contudo, Adorno e Horkheimer nunca chegaram à questão de que figura poderia assumir uma forma e uma recepção de cultura não atreladas à burguesia educada nem algo como uma cultura de massa politicamente legítima. Qualquer pessoa que já tenha lidado com seus escritos sabe que, para eles, mesmo com todo o seu compromisso para com os menos privilegiados do mundo, o pensamento de uma contribuição da música atonal para a luta de classes do proletariado parecia menos absurdo do que uma reflexão filosoficamente séria sobre o comportamento da torcida no estádio.

Entretanto, Adorno e Horkheimer conseguiram se desviar da tradição de Le Bon no que toca à forma de se referir às massas, fundando um discurso alternativo, embora com um enfoque similar, mas em um nível discursivo mais ambicioso. Em oposição a isso, em 1999, numa palestra na Münchner Akademie sobre "O desprezo das massas", Peter Sloterdijk, com seu entusiasmo por Canetti, retornou à autorreferência normativa do intelectual como indivíduo e à massa como um contraprincípio, mesmo que com elegantes insinuações (auto)irônicas (de Sloterdijk, de qualquer forma, tomo o título para este capítulo de minha reflexão). Tendo em vista a virada do milênio, ele coloca a questão (até hoje evidentemente) decisiva do que teria então mudado na passagem de uma massa de indivíduos reunidos em presença real para uma massa medialmente constituída, por exemplo, dos telespectadores de televisão: "a própria massa se vivencia, hoje, apenas em suas partículas, os indivíduos que, como partezinhas elementares de uma mesquinhez invisível, se entregam precisamente àqueles programas que pressupõem sua mesquinhez e sua condição de massa". A resposta de Sloterdijk à sua própria pergunta, resposta plausível sobretudo para as sociedades de bem-estar na União Europeia (e que, em certo sentido, fora antecipada pela teoria da mimese de René Girard), é que, por conta de um postulado onipresente de igualdade sob a massa constituída pela mídia, não pode mais haver diferenças socialmente aceitáveis e, certamente, nenhuma hierarquia vertical: "fica permitido a todos olhar para todos" e "onde havia identidade deve agora haver indiferença".

Sloterdijk reage a isso não com um plano banal e magnânimo de toda uma nova sociedade, e sim com o simpático título de um livro de Emil Cioran: *Exercícios de admiração*. Será que tais exercícios poderiam incluir um elogio às massas reunidas em presença real? Sou um pouco pessimista. Mas, de todo modo, Peter Sloterdijk dá a devida atenção à implicação e à consequência, que são centrais na filosofia de seu colega Richard Rorty, de finalmente suspender o impulso de separar o indivíduo-intelectual — supostamente superior — das massas, o que, inevitável e finalmente, acaba por estabelecer uma ruptura decisiva com a tradição Le Bon. Sloterdijk fala — não sem admiração, como ele enfatiza — de um "caminho em linha reta em direção à banalidade" e reconhece que Rorty percorreria esse caminho segundo a orientação dada por Nietzsche, isto é, com uma serenidade destruidora de ilusões. Mas, à ruptura com o desprezo das massas, tanto no sentido conceitual quanto no sentido político da palavra, não se seguiu, em Rorty, o vislumbre de uma sociabilidade mediada pelos corpos. Nenhuma tarefa, imagino eu, sendo ex-colega de Richard Rorty, poderia estar mais longe

Torcidas

de suas preocupações do que uma análise tão perspectivada do comportamento de massa.

Gunter Gebauer e Sven Rücker propuseram uma saída diferente — no que diz respeito aos esportes e estádios — ao esquema de Le Bon de uma teoria das massas. Seu ponto intelectualmente produtivo consiste na manutenção da clássica questão da influência das massas sobre o comportamento dos indivíduos ao mesmo tempo que invertem as ênfases em sua resposta. "Em vez de enfraquecer ou até mesmo dissolver o eu, as emoções coletivas na experiência do estádio ampliam a fé do sujeito em seu eu e no nós de toda a comunidade". Como sempre é o caso quando se trata de questões de filosofia do esporte, eu reajo com simpatia à posição de Gebauer e Rücker (incluindo nisso suas referências a certas ambivalências daquela "crença do sujeito em seu eu") — mas me mantenho cético. Pois o que a inversão da abordagem de Le Bon ainda assim não deixa entrever são as energias corporais que fluem por entre as multidões, o que também quer dizer: sua afinidade com a violência.

Afinal de contas, seria de se esperar que se encontrassem, na literatura sociológica, tais discussões sobre a questão do comportamento de massa como um comportamento mediado por corpos e aproximado à violência. Mas aqueles que forem suficientemente generosos (ou pacientes) para se entregar às contribuições pertinentes em geral vão querer encobrir a qualidade do que tem sido feito sob um lençol de anonimato. Algumas abordagens de observação empírica do "comportamento das massas" como sendo um comportamento "em uma assembleia" (*assembly*) "de corpos" nunca irão além do mero registro do banal ("as massas tendem a se autodissolver ao longo do eixo do tempo") ou da listagem de impressões subjetivas sem coerência conceitual ("centrífugo", "que tende a se expandir", "descentralizado"). Mesmo em sua boa vontade de levar as massas politicamente a sério, soa simplesmente absurda a proposta de descrever sua tendência à violência como um "uso racional" de uma possibilidade corporal de "afirmação de interesses".

As *Notas para uma teoria performativa da assembleia*,[1] publicadas em 2015 por Judith Butler, movem-se em um patamar completamente diferenciado de trabalho filosófico-conceitual. Mais claramente do que Gebauer e Rücker, ela insiste na questão de quais possibilidades específicas se abrem para o comportamento de um grupo a partir da copresença real dos corpos que o constituem. Entretanto, nela, esta questão – em convergência com Hannah Arendt, por cuja posição Butler também aqui se orienta – continua alinhada apenas às funções e potencialidades políticas. Aqui Butler admite, então, que a performance de um grupo de corpos em sua articulação nem sempre pode ser identificado à esquerda política. Acima de tudo, porém, ela sublinha a tese – para mim convincente – de que a presença física dos corpos no espaço culminaria, politicamente, no direito como seu ponto de fuga, ter direitos em geral – direito que não pode ser justificado de outra forma, nem em abstrato.

Tal exigência de um "direito a direitos", sobretudo com base na presença física, poderia se tornar relevante no contexto da tensão entre a Bundesliga e as torcidas organizadas – e, na verdade, em favor das organizadas, tão logo o espaço de um estádio seja visto como espaço público e não como propriedade de um clube ou de uma empresa. No entanto, em última análise, nem as

---

1 Ed. bras.: *Corpos em aliança e a política das ruas: Notas sobre uma teoria performativa de assembleia.* Rio de Janeiro: Civilização Brasileira, 2018. (N. E.)

Torcidas

organizadas, nem as multidões de um show de rock ou de uma missa papal visam, primariamente, objetivos políticos, por mais que critérios políticos também possam desempenhar um papel na avaliação ou na afirmação de seu comportamento. Provavelmente elas nem sequer visem objetivos de qualquer tipo – para nós, até mesmo a formulação de que "elas visam algo" parece ser inapropriada.

Aqui, penso eu, reside então uma afinidade para com o conceito de *dionisíaco* que Friedrich Nietzsche, o crítico do "instinto de rebanho", desenvolveu em seu livro *O nascimento da tragédia*, em que também a palavra "massa" aparece sob auspícios talvez surpreendentemente positivos. Entretanto, minha referência a Nietzsche não visa um enobrecimento intelectual do comportamento das massas, e sim a distância existente entre este comportamento e quaisquer tipos de intenções ou estratégias funcionais; consequentemente, visa também (e sobretudo) o distanciamento de uma compulsão intelectual hereditária em desprezar as massas (tendo ela nascido a partir da perspectiva de uma individualidade que sempre foi constituída pela ideia de intencionalidade).

Os momentos dionisíacos, por outro lado, não trazem a campo indivíduos inferiores, e sim, na visão de Nietzsche, rompem com a individualidade: se levarmos a sério

> o delicioso êxtase que, à ruptura do *principium individuationis*, ascende do fundo mais íntimo do homem, sim, da natureza, ser-nos-á dado lançar um olhar à essência do *dionisíaco*, que é trazido a nós, o mais de perto possível, pela analogia da *embriaguez*. Seja por influência da beberagem narcótica, da qual todos os povos e homens primitivos falam em seus hinos, seja com a poderosa

aproximação da primavera a impregnar toda a natureza de alegria, despertam aqueles transportes dionisíacos, por cuja intensificação o subjetivo se esvanece em completo autoesquecimento.

Historicamente, Nietzsche vê a origem da disposição dionisíaca e de seu potencial de rompimento da individualidade já posta na estrutura e no efeito do coro da tragédia:

> A excitação dionisíaca é capaz de comunicar a toda uma multidão essa aptidão artística de ver-se cercado por uma tal hoste de espíritos com a qual ela, multidão, sabe interiormente que é uma só coisa. Esse processo do coro trágico é o protofenômeno *dramático*: ver-se a si próprio transformado diante de si mesmo e então atuar como se na realidade a pessoa tivesse entrado em outro corpo, em outra personagem.

Tais citações não se destinam a preparar uma abordagem que "aplicará" o conceito de dionisíaco em Nietzsche à energia de um estádio lotado no século XXI. Ele desenvolveu suas noções e conceitos a partir de um olhar filologicamente competente sobre as tragédias do século V na antiga Atenas, abrindo, com isso, uma nova entrada para a compreensão histórica. Em vez de fazermos a pergunta algo incômoda do que poderia ser o equivalente do coro da tragédia em um jogo de futebol americano, o objetivo agora é desenvolver nossos próprios conceitos para os rituais de presença do nosso tempo. Ao fazer isso, o pensamento de Nietzsche serve de inspiração, assim como a tradição conceitual da teologia cristã do corpo místico pode encorajar o pensamento sobre as multidões nos estádios de hoje em dia sem, com isso, substituí-lo. Pois certamente os estádios lotados de hoje tiveram seus predecessores esportivo-históricos, mas o que os

Torcidas

torna especiais é sua posição de intensidade enquanto ritual de presença em um mundo que, já desde o início da modernidade, tem buscado limitar de maneira sistemática os efeitos de presença, e cujo processo se acelerou com a tecnologia eletrônica – e, a partir de 2020, foi ainda atingido pelo imperativo universal do distanciamento social.

4
Massas do passado

Os problemáticos conceitos e preconceitos que, já há um bom século, têm impedido qualquer compromisso intelectualmente produtivo para com a massa e seus fenômenos originalmente emergiram em contraposição a imagens das revoluções burguesas e de sua potencial efetivação a partir de uma compreensão segundo a qual elas significariam o rompimento de um futuro presumidamente sereno. Mas tais acontecimentos de massa, que se tornaram emblemáticos a partir do começo do século XIX, também nos fazem lembrar de certas cenas da tradição judaico-cristã, bem como da Antiguidade clássica – cenas cuja diversidade pode desafiar nossa imaginação teórica e analítica para além de qualquer velha polêmica. Neste capítulo, eu gostaria de me concentrar sobre algumas dessas cenas, principalmente com a esperança de ajustar um foco mais bem definido de observações e questões sobre uma fenomenologia das massas.

Em várias passagens proeminentes da Torá e dos Evangelhos, encontramos o povo de Israel apresentado tanto como agente quanto como massa, e sob auspícios surpreendentemente semelhantes. Depois que os israelitas percebem (Êxodo 32) que Moisés, que os conduziu para fora do Egito, permanece muito tempo em conversa com seu Deus no monte Sinai, eles incitam seu irmão Arão a "fazer-lhes deuses que possam ir adiante deles". Do "ouro de suas esposas, filhos e filhas", Arão fundiu o famoso "bezerro de ouro", que os israelitas louvam no dia seguinte em uma festança em seu próprio altar. Então, o único e verdadeiro Deus ordena a Moisés que desça "imediatamente da montanha". "Teu povo, que trouxeste do Egito, se tem corrompido; e tem se desviado rapidamente do caminho que eu lhes havia comandado – eu vi esse povo, e eis que é povo de dura cerviz".

Assim que o próprio Moisés viu o bezerro e a "dança" dos israelitas, "acendeu-se-lhe o furor, destruiu o bezerro, derramou seus restos na água e deu-a a beber aos israelitas". Arão, a quem ele, em nome de seu Deus, acusa pelo declínio do povo, diz: "Tu sabes que o povo se inclina ao mal". Pois, como "o povo" continuou "agindo como selvagem", Moisés agora ordena que "mate cada homem a seu irmão, seu amigo e seu vizinho", de modo que "cerca de três mil pessoas morreram naquele dia". Ele então sobe a montanha novamente para pedir perdão a Deus por seu agora povo expiatório. Deus reclama mais uma vez da teimosia (a "dura cerviz") dos israelitas e anuncia que se afastará por ora porque teria que "matá-los todos" se ele se aproximasse demais.

Esse motivo já nos é familiar desde os discursos do final do século XIX: trata-se do desejo das massas por um líder próximo (de preferência "hipnotizante") e da dependência de seu comportamento em relação a ele. É somente na presença de Moisés que o povo enquanto massa permanece fiel a seu – distante – Deus, que o escolheu e salvou. Guiados por um líder, porém, que se dobra à vontade das massas, acabam por ocorrer eventos que aparentemente nem Deus poderia antecipar: a massa se torna "selvagem", "dança", adora um "bezerro de ouro". E ela o faz com o consentimento de Arão, um líder fraco a quem ela – quase como que em uma manifestação política – se volta. A "dura cerviz", que é como Deus por duas vezes se refere ao comportamento da massa, parece implicar que, na ausência de um líder forte, a desobediência se torna para ela algo normal. Em contraste a isso, os israelitas seguem sem hesitação o cruel comando de violência de seu líder forte, Moisés, para se dizimarem mutuamente em um ato de expiação.

Igualmente de "dura cerviz" se mostram os israelitas, agora, no Novo Testamento, chamados de "judeus", em um dos poucos episódios que se encontra em todos os quatro Evangelhos – em uma passagem que, sob os pressupostos discursivos do Novo Testamento, os quais se inverteram em relação à Torá, é o mais antigo documento de antissemitismo cristão. Trata-se, é claro, da pergunta repetida três vezes pelo prefeito romano Pôncio Pilatos em uma reunião de "judeus" (em Marcos, 15, o tema central é, de fato, o de uma massa manipulada pelo Sumo Pontífice) sobre se eles realmente ainda queriam se ater à decisão de crucificar de Jesus, que Pilatos, após seu julgamento, crê ser inocente. Para satisfazer à carência de violência da massa, Pilatos oferece uma alternativa, a de crucificar Barrabás, um outro prisioneiro, no lugar Jesus. Contudo, após a multidão gritar três repetidas vezes "crucifique-o!", Pilatos – na posição de um governante que, naqueles dias festivos de Páscoa, está mais interessado na contemporização do que na justiça – acaba cedendo à sua vontade.

Em uma festa de Páscoa anterior à essa, uma "grande multidão" de "cerca de cinco mil" pessoas (João, 6) havia se reunido ao redor de Jesus, perto do mar da Galileia, e vivenciado o milagre da "multiplicação do pão". Todos os presentes haviam sido saciados de cinco pães e dois peixes, e, ao final do dia, os discípulos "encheram doze cestos com os restos". "Este é, de fato", o povo começou a dizer, "o profeta que deve vir ao mundo". Em Atos, 2, uma reunião de muitos – a rigor, duas reuniões – desencadeia um milagre. "Para a festa de Pentecostes, judeus devotos de todas as nações sob o céu tinham vindo a Jerusalém". E quando "esta multidão" ouviu o vento e viu as línguas de fogo crescendo por cima dos apóstolos – que estavam todos "reunidos em um mesmo lugar" –, ela correu em direção a eles "e cada um os ouviu falar em sua língua nativa". Surpresos, perguntaram: "Não são todos os que falam aqui galileu? Como, pois, ocorre que cada um ouça na própria língua em que é nascido?". É a esta passagem que retraçamos a frase "falando em línguas", a qual usamos para nos referir àqueles raros acontecimentos – que, porém, certamente não devem ser sempre rejeitados como meros resultados de mitos ou manipulações – em que pessoas (têm elas de estar reunidas em um grupo?), diante de uma multidão, descobrem sua capacidade de falar em línguas que antes lhes eram estranhas.

Como podemos ver, já nos escritos das religiões judaica e cristã as massas aparecem com um *status* ambivalente. Enquanto massa sem líder forte, os israelitas esquecem ou até mesmo traem seu Deus, mas é também como massa que eles se tornam o motivo pelo qual seu Filho, no Novo Testamento, realiza aquele que provavelmente foi o mais importante milagre teológico, o milagre da multiplicação dos pães. Porém, e acima de tudo, as massas evocam uma latência de acontecimentos: surtos de violência, a criação e destruição de ídolos, mas também a multiplicação milagrosa do pão e do falar em línguas, tais acontecimentos aparecem ligados à sua presença. E será este potencial de acontecimento que irá fazer das massas, então, a partir das revoluções burguesas, um novo – e, como será considerado em seguida, decisivo – agente da história.

Sobre a primeira delas, na chamada Revolução Gloriosa inglesa, cujos eventos políticos se concentraram no final de 1688, pode-se dizer que as massas ainda desempenham um papel pouco ativo em um palco político de protagonistas aristocráticos que lutavam para substituir um monarca católico por um protestante. Após o desembarque de Guilherme de Orange e suas tropas na Inglaterra no final do ano, os livros de história ocasionalmente mencionam "revoltas populares" locais ou ações de "gangues" contra funcionários católicos e em favor dos futuros governantes. Entretanto, as concessões do novo casal real aos parlamentos, apesar de terem feito dessa uma revolução "burguesa", ainda não foram abordadas segundo sua possível conexão com tais intervenções das massas.

O que mostra o quão claramente o *status* dos movimentos sociais de massa teria mudado nas oito décadas e meia seguintes – também, e sobretudo, do ponto de vista político – é a Festa do Chá de Boston [Boston Tea Party], um dos mais famosos acontecimentos da Revolução Americana. O aumento dos preços do chá importado pela Companhia das Índias Orientais havia se tornado o principal impulso para um protesto de residentes da Costa Leste contra sua falta de representação no sistema político do reino. Entre 5 mil e 7 mil dos então 16 mil residentes de Boston foram ao porto em 29 de novembro de 1773 para tal manifestação; contudo, algo em torno de uma centena destes estavam envolvidos com o verdadeiro Tea Party e com aquilo que certamente fora uma ação planejada, em que a carga com todos os fardos de chá de vários navios foi jogada na água. A massa, portanto, certamente não participou como agente independente dessa provocação em específico, mas o fato de que esta ação tenha se dado a partir de uma manifestação inicial, assim encenando uma conexão com as massas, deve ter aumentado a aura moral e a eficácia política do Tea Party.

É justamente dessa perspectiva de efetividade e legitimidade política que a complexidade da dinâmica encarnada pelas massas se condensou nos acontecimentos de 14 de julho de 1789 em Paris, cujo significado singular para a história ocidental jamais poderá ser superestimado. Nas altas temperaturas de verão, o confronto cada vez mais intenso entre a Assembleia dos Estados Gerais em Versalhes (com suas exigências de maior participação política) e o governo da monarquia (que agiu de forma particularmente desastrada por repetidas vezes) culminou em uma atmosfera de tensão e latência – descrita por inúmeros contemporâneos –, inclusive na capital. A ideia de armar os habitantes surgiu de uma figura individual até hoje desconhecida, com o intuito de pressionar o governo e, assim, apoiar os Estados Gerais. Como se em uma invocação desprovida de forma linguística, essa sugestão parece ter desencadeado um movimento de cerca de 80 mil pessoas na manhã de 14 de julho para o Hôtel des Invalides, cujo comandante liberou, sem resistência, as cerca de 30 mil espingardas ali armazenadas. Entretanto, o fator decisivo para o evento de 14 de julho de 1789 foi o fato de que o movimento da multidão não chegou ao seu fim quando o objetivo estratégico nos Invalides foi alcançado.

Pelo contrário, a multidão se dirigiu para outro ponto de referência na cidade, a Bastilha, a vários quilômetros de distância, uma fortaleza dos mais profundos tempos feudais que havia se tornado o símbolo de toda aquela opressão vivenciada – por mais que então já não houvesse lá mais de sete prisioneiros sem maior relevância política ou individual. Delegações de eleitores parisienses já haviam ido à Bastilha na manhã de 14 de julho para negociar uma rendição com o comandante – e, sem quaisquer instruções explícitas, essas delegações podem ter sido seguidas pela massa. Durante a tarde, houve, novamente sem qualquer decisão centralizada, uma troca de tiros, e a Bastilha foi cercada, atacada e ulteriormente tomada em uma ação na qual cerca de uma centena de agressores morreram e que chegou a uma conclusão freneticamente celebrada por volta das cinco horas, com a capitulação do comandante.

O efeito imediato desse movimento de massa direcionado e, ainda assim, anônimo, que se deu como acontecimento no espaço, seu impacto no mundo de Paris, Versalhes e logo em toda a Europa foi imenso – e isso não *apesar de*, mas justamente *porque* ele não se deixava associar a qualquer tipo de sucesso político quantificável (como ocorreu com o Boston Tea Party). Em 14 de julho de 1789, a latência de acontecimento e o potencial de violência de um movimento espacial de massas havia se tornado realidade, ainda mais visível e efetiva quando essa dinâmica de violência se mostrou no espaço por si mesma – e não como estratégia política ou algum efeito identificável. Mas, com o acontecimento de violência de massa, tão aterrador quanto sublime, a nova aura de legitimidade que um então ainda vago conceito de "povo" havia adquirido no decorrer do século XVIII entrou rapidamente em curto-circuito. Enquanto multidão sem líderes visíveis ou invisíveis, "o povo" havia emergido para se tornar – potencialmente – um agente da história, ou, formulando mais precisamente: em vez de um agente de fato, uma infinita esperança e uma infinita ameaça. É precisamente nesta ambivalência de um duplo potencial que, desde 14 de julho de 1789, se situa o poder da massa.

De um ponto de vista social, a multidão daquele dia fora provavelmente constituída por membros de todos os estamentos e classes possíveis à época. Mas a diversidade social só aumentou o peso de sua legitimidade. O 14 de julho, cuja estrutura de acontecimentos talvez jamais tenha se repetido em semelhante concisão e que ainda é considerado um icônico paradigma de qualquer ação autodeclarada revolucionária, transformou para sempre a ressonância da palavra "massa", por mais que os intelectuais — e em particular os da futura esquerda — nunca tenham realmente confiado em seus próprios movimentos populares. Nas últimas páginas de sua *Introdução à crítica da* Filosofia do Direito *de Hegel*, escrita em 1843, por exemplo, Karl Marx identificou "o proletariado" como "primariamente uma massa de pessoas que surgiu da dissolução da classe média", e de forma alguma confiou (enquanto classe e enquanto massa) em sua capacidade de representar seus interesses de forma independente com sucesso:

> A filosofia encontra suas armas *materiais* no proletariado, bem como o proletariado encontra suas armas *espirituais* na filosofia, e assim que o relâmpago do pensamento atingir completamente este solo ingênuo do povo, a emancipação dos *alemães* enquanto *seres humanos* ocorrerá. A *cabeça* desta emancipação é a *filosofia*, seu *coração* é o *proletariado*.

A compreensão realista que Marx tinha da diferença entre, de um lado, agentes intencionais individuais e, de outro, a dinâmica de massas como agente da história, não impediu os intelectuais, em seu papel de ideólogos, de sempre apresentar o "proletariado"

Torcidas

ou as "massas" como agentes que agem racionalmente. O exemplo mais evidente dessa prática deve ser a elevação da Tomada do Palácio de Inverno de 26 de outubro de 1917 em São Petersburgo à condição de acontecimento-chave da revolução soviética, pois essa canonização pressupõe uma correspondência estrutural entre aquele dia de outono de 1917 e a tomada da Bastilha em 14 de julho de 1789. Na realidade, porém, os acontecimentos do evento soviético se assemelhavam muito mais à capitulação sem resistência dos Invalides, na manhã de 14 de julho de 1789: para evitar derramamento de sangue, os bolcheviques, que eram militarmente preponderantes, permitiram que os cerca de três mil soldados ali guarnecidos deixassem o palácio à noite. O nome "Tomada do Palácio de Inverno" foi então inventado em 1920 para um espetáculo de massa com 2.500 atores e 100 mil espectadores, encenado por ocasião do terceiro aniversário da revolução, cuja gravação cinematográfica foi logo apresentada pelo governo soviético como um documento histórico de 1917, canonizando dessa forma um evento que nunca aconteceu de fato.

A bem da verdade, ao longo do século passado, as massas fizeram parte de um repertório padrão de imaginários de descontinuidade política radical tanto à esquerda como à direita. Os fascistas e nazistas já falavam em grandes *marchas* como forma de tomada de poder. Os movimentos de massas de hoje em dia parecem novamente menos ordenados que as marchas fascistas ou que os desfiles comunistas do Primeiro de Maio da era das ideologias no entreguerras – e, desse modo, recuperaram maior afinidade para com o 14 de julho de 1789. Na Alemanha, a reunificação foi precedida por uma série de manifestações ocorridas durante celebrações oficiais ou visitas de estado. A queda do Muro de Berlim, em 9 de novembro de 1989, foi então originada de um anúncio televisivo prematuro feito por um representante do governo da Alemanha Oriental de que a passagem entre as duas partes de Berlim seria "autorizada com efeito imediato". Em poucos minutos, centenas de milhares de berlinenses de ambas as partes da cidade apareceram no Muro e, por meio de sua presença física, forçaram a execução da ordem que ainda não havia sido dada. Mais agressiva em sua resistência contra os governos estabelecidos foram a Primavera Árabe que irrompeu na Tunísia em 2010 e a Revolução Maidan de 2014, na Ucrânia. Em ambas as ocasiões, a coordenação de um número inimaginável de indivíduos, hoje em dia possível por meio da mídia eletrônica, deu origem a movimentos de massa surpreendentemente flexíveis, os quais a polícia e os militares inicialmente não conseguiram controlar. Mas, assim como no caso da reunificação alemã e dos desdobramentos de 1789, esses movimentos de massa originalmente não encenados acabaram sendo rapidamente cooptados de modo estratégico, absorvidos pelas negociações entre representantes políticos. As massas, na condição de agentes políticos, jamais conseguiram ir muito além desse ponto.

As multidões, contudo, têm uma outra função bastante diferente, mais central e só muito raramente passível de manipulação externa: a função de audiência, a qual sempre desempenhou um papel central na história do esporte. Faz parte da sabedoria histórica que o Circus Maximus, em Roma, cuja impressionante extensão pode ser muito bem imaginável ainda hoje quando se vai ao seu local, chegou a atingir uma capacidade para 250 mil espectadores depois de reformas para sua expansão. Para se apreciar o quão central realmente foi esse estar-na-multidão para a vida de muitos romanos, considere-se que seus três anéis

Torcidas

enchiam até sessenta vezes por ano em uma cidade de cerca de um milhão de pessoas – para séries de corridas de carruagem com quatro cavalos (*missa*) que duravam, cada uma, cerca de nove minutos, o evento como um todo se estendendo por várias horas. Essas corridas se elevaram ainda mais à predileção popular quando seu financiamento deixou de depender da receita de ingressos e passou a ser assumido por ricos patrocinadores – aliado ao fato de que os romanos de classes mais baixas podiam ganhar a vida com uma jornada de trabalho de quatro a cinco horas, o que lhes deixava tempo o suficiente para o entretenimento.

Achados arqueológicos no local do Circus Maximus comprovam a existência de corridas de carruagens como grandes eventos esportivos desde o século V a.C. Uma extensa literatura delineou todos os aspectos sob os quais os espetáculos na Roma antiga – e as corridas de carruagens, acima de tudo – se assemelhavam ao esporte profissional no modo como ele se desenvolveu novamente a partir de cerca de 1900. Cocheiros bem-sucedidos, muitas vezes cidadãos das províncias ou ex-escravos que haviam comprado a própria liberdade, ganhavam somas que provavelmente superavam até mesmo os ganhos das grandes estrelas dos esportes coletivos de hoje. Enquanto altos funcionários públicos podiam esperar uma renda anual de 100 mil a 300 mil sestércios e, um legionário, um salário de cerca de 1.200 sestércios, Gaius Appuleius Diocles, um cocheiro proveniente da região da atual Portugal, informou à posteridade em sua lápide que teria ganho mais de 36 milhões de sestércios em cerca de 1.500 vitórias em corridas.

Os quatro estábulos (*factiones*) de corrida, distinguidos pelas cores branca, azul, vermelha e verde, também eram considerados poderosas corporações que coordenavam seus melhores cavalos e jóqueis (como as empresas de Fórmula I de hoje em dia) com estratégias de equipe – e negociavam com patrocinadores em um tom que lembra as conversas atuais entre os representantes de clube e a mídia. O comportamento excêntrico entre os apoiadores das *factiones* perpassava todas as camadas e alcançou um clímax com o rumor de que o Imperador Calígula, torcedor do estábulo verde, estava seriamente considerando nomear o garanhão Incitatus como cônsul. As reações de autores e pensadores proeminentes sempre foram correspondentemente críticas (ou mesmo ressentidas), desde figuras como Cícero, que sempre se manteve afastado de uma certa euforia em torno de Calígula, até Sêneca e o Pai da Igreja Tertuliano.

No entanto, qualquer descrição dos antigos espectadores enquanto multidão deve estar ciente das diferenças estruturais em relação às torcidas do esporte profissional do nosso presente. Por exemplo, os eventos gregos e romanos em estádio jamais romperam com um arcabouço religioso, por mais marginal que ele pudesse ter de fato sido para os espectadores. Os dias de corrida começavam com procissões (*pompae circenses*) em que imagens dos deuses, patrocinadores e atletas se aproximavam dos estádios de acordo com regras estritamente definidas. Os camarotes dos altos funcionários da época republicana e, posteriormente, dos imperadores, sempre incluíam altares nos quais eram realizados rituais de abertura. Pois os eventos em estádio eram considerados momentos de êxtase que dificilmente poderiam ser imagináveis sem a presença e contribuição de forças transcendentais. Os interesses dos patrocinadores também não podem ser inteiramente explicados por meio de míopes analogias para com o presente. Afinal, eles não precisavam ganhar as multidões de estádio nem como eleitores nem como potenciais compradores de certos produtos. Mas o fato de que as massas se ressentiram até mesmo de seu favorito, César, quando este foi visto em seu camarote debruçado sobre documentos durante as corridas mostra o quanto elas estavam investidas na coesão daquele êxtase, aquele êxtase compreendido como uma celebração da vida romana que abarcava todas as classes. Devia ser de interesse comum dos poderosos evocá-lo e preservá-lo em rituais de um sentimento de vida coletivo. Foi somente com a transferência da capital para Constantinopla no início do século IV que as *factiones*, e com elas todo o ritual das corridas de carruagens, foram relegadas a um campo de força inferior das rivalidades e intrigas políticas mesquinhas.

Ainda mais do que nas corridas de carruagens, as abrangentes raízes religiosas se aprofundavam sobretudo nos jogos de gladiadores, os quais haviam se tornado um espetáculo alternativo paralelo em especial a partir do século I d.C., como atesta a expansão do Coliseu para uma capacidade de cerca de 70 mil espectadores. Na forma de um confronto em que dois combatentes vivenciam seu oponente como a potencial presença de sua própria morte, as lutas de gladiadores remetiam a cerimônias dedicadas à memória do falecido e à sua presentificação. É provável que justamente essa presença potencial da morte no espetáculo dos gladiadores tenha contribuído para a celebração compartilhada da vida. Porém, os espetáculos no Coliseu foram objeto de constantes modificações, muito mais do que as corridas de carruagens. Cada variação de armas e equipamentos implicava distintas formas de assimetria atlética e existencial entre os gladiadores, e logo ganharam em popularidade também a caça de animais exóticos (*venationes*) ou as recriações de famosas batalhas em terra e no mar, que, contudo, já não podiam mais ser experimentadas como competição.

O que pode ser historicamente ainda mais surpreendente, no entanto, é o fato de que as multidões de estádio nas culturas ocidentais findaram com o Império Romano, depois de um período que durou mais de mil anos (a imaginação romântica dos torneios de cavalaria medievais deve ser historicamente vista com ceticismo). Ninguém consegue explicar de forma convincente por que esta história de multidões de espectadores só foi retomada no final do século XVIII com as lutas de boxe profissional diante de mais de 10 mil espectadores em Londres, bem no início de um período em que os rituais cristãos começavam a perder seu lugar privilegiado enquanto centro da vida social e o futuro passava a ser subitamente vivenciado como estando tão aberto e contingente quanto as competições esportivas. Ao longo do século XIX e início do XX – e durante muito tempo em competição com o esporte amador, que era inicialmente aristocrático, passando, depois, a ser programaticamente socialista –, vários jogos com bola disputados entre atletas profissionais voltaram gradualmente a encher os estádios.

A transmissão de eventos esportivos na televisão começou, hesitantemente, com as Olimpíadas de Berlim de 1936. Já no terceiro quarto do século XX, tais transmissões haviam decolado, atingindo tanto uma audiência global quanto um nível de perfeição reprodutiva "superior" à experiência ao vivo em estádio – e plausivelmente desencadeando o prognóstico e o temor de que os eventos em estádio e, com isso, o fenômeno da torcida, logo seriam coisa do passado (os fãs de esporte da minha geração podem se lembrar disso de forma vívida). Mas o oposto aconteceu. Apesar dos preços dolorosamente altos dos ingressos para muitos dos torcedores, até mesmo nas arquibancadas gerais que estão se tornando cada vez menores, e apesar da cada vez maior qualidade das imagens na mídia, os estádios em todo o mundo estão agora enchendo mais do que nunca. E, se os ingressos se esgotam ou o evento está fora de alcance, a transmissão pública ao vivo tem agora se tornado uma forma alternativa de vivência em multidão, algo que se verifica até mesmo para uma grande proporção de espectadores com pouco interesse no objeto esportivo da exibição compartilhada.

Em todo caso, os próprios estádios se tornaram o espaço central, quando não o único espaço, para rituais de presença em um mundo cuja vida cotidiana depende cada vez mais de uma presença mediada eletronicamente e acompanhada de ausência física. E é precisamente esse ambiente digital de comunicação total que aumenta a intensidade dos estádios e das multidões, juntamente de uma aura de uma sublimidade que demarca sua distância para quaisquer exercícios de gosto do burguês educado. Tal atmosfera chega aos camarotes atuais apenas de forma diluída, organizados, como são eles, em torno da distração, embora também pertençam ao estádio porque as multidões se efetivam antes em gestos de inclusão e confronto do que em gestos de exclusão. Não é na política, mas no estádio que as massas passam mais completamente ao ato.

Será que a "dura cerviz" das massas desprovidas um líder forte, que o Deus da Torá por duas vezes reprovou em seu povo no Monte Sinai, se redime nisto? As massas não imploditam ou desapareceram em uma época cuja sociedade, economia e tecnologia parecem não mais ter espaço – literal e figurativamente – para elas. É por isso que cada evento de estádio também se torna uma nova e drástica insistência, que não é nem verdadeiramente

Hans Ulrich Gumbrecht

política nem verdadeiramente jurídica, da multidão no seu próprio direito de existência. Isto pode ser o que as organizadas são incapazes de pôr em palavras.

É possível se vivenciar como a multidão se realiza no estádio. É somente lá que posso estar sozinho em meu corpo graças à presença lateral de milhares de outros corpos; somente o estádio dá aos corpos reunidos em presença uma forma comum que limita seu movimento e, ao mesmo tempo, que lhes ativa por meio dessa limitação; é somente no estádio que a solidão multiplicada por milhares se torna comum por estar transitivamente voltada para um acontecer: para um acontecer na música, na liturgia de uma religião ou, acima de tudo, na competição entre atletas (os estádios nunca foram lugares exclusivos para os esportes, mas provavelmente sempre dependerão sobretudo deles). E é somente lá, na atenção concentrada da multidão, que as sequências de acontecimentos podem fazer estourar a latência de acontecimento das massas em ações explosivas, bem-vindas ou não, violentas ou amigáveis, invariavelmente imprevisíveis – sempre ainda acontecimentos, e muitas vezes dionisíacos.

5
Na torcida – lateralmente: enxames, neurônios-espelho, primatas

Ainda não existem conceitos que nós – me refiro àqueles espectadores agora já envelhecidos que ocupam os melhores lugares, embora isso também sirva para as torcidas organizadas em Dortmund, Manchester ou São Paulo – possamos usar para explicar por que as torcidas nos são tão irresistivelmente atraentes, muito menos uma teoria coerente da experiência do estádio. Simplesmente por razões de respeito próprio, não posso me envolver com abordagens cuja premissa de que fazer parte de uma multidão desvaloriza minhas possibilidades intelectuais e afetivas como indivíduo, além do fato de que elas implicam uma ideia insuportavelmente estreita de individualidade como a única forma de existência que vale a pena.

Igualmente inadequadas são as várias convenções de se falar das multidões como se fossem agentes, sujeitos de ação, ou mesmo indivíduos. Pois as multidões nunca de fato quiseram ou sequer realizaram passos decisivos de mudança política; nem se assemelham a indivíduos neuróticos, como sugerido por Freud; e, certamente, elas não se portam de maneira teimosa ou submissa frente a líderes potenciais, como se tivessem uma personalidade individual ou estruturalmente abrangente. A ideia de um "comportamento de massa" implica que tipologias generalizantes são possíveis, como no caso de uma nação, de um grupo social ou de um gênero biológico. Mas não temos nenhuma evidência séria para tanto. Podemos tentar descrever como um grande agregado de pessoas emergiu em um caso particular (por exemplo, em 14 de julho de 1789), como se transformou no tempo e eventualmente voltou a se dissolver. Mas então estaremos lidando com processos particulares que devem ser considerados caso a caso e que não levam a uma teoria geral de formas de comportamento de massa.

Como, então, poderia ser a configuração de um arcabouço conceitual e teórico que nos permitiria a nós, torcedores e românticos de estádio, descrever este fascínio pelas torcidas? Em outras palavras, do que se trata mais exatamente este ensaio – e o que tentam dizer as organizadas quando se fazem ouvir em voz alta? A maioria de nós se sente diferente quando está no interior de uma torcida. Não nos sentimos ameaçados nem reduzidos existencialmente, e sim parte de uma encarnação coletiva de possibilidades para nossa existência que, de outra forma, não estariam presentes e, portanto, seriam inimagináveis. Em uma torcida, podemos nos encontrar sozinhos ou concentrados de uma forma específica, extasiados, eufóricos, ou prontos para a violência. Fazer parte de uma torcida libera potencialidades que, de outra forma, não se realizariam – e são tais potencialidades que eu aqui gostaria de trazer à tona.

As diferenças entre uma dimensão lateral, uma transitiva e uma vertical do estar-na-torcida já haviam aparecido anteriormente neste livro e serão fundamentais para este capítulo e para o próximo. *Lateral* é o que eu chamo de experiência da relação do meu corpo com outros corpos na torcida – em outras palavras, aquela dimensão que faz com que eu seja parte de uma torcida. *Transitiva* é aquela atenção da torcida especificamente dirigida aos objetos centrais do espetáculo no estádio. E essa dimensão transitiva pode desencadear uma dinâmica *vertical*, a saber, precisamente a ativação daquelas potencialidades afetivas especiais que não vivenciamos na existência cotidiana fora da torcida. Primeiro vou me concentrar na relação lateral entre corpos e, no próximo capítulo, chegarei aos momentos de elevação vertical em uma torcida. A direção transitiva dessa experiência conectará estes blocos descritivos.

No que se refere à nossa questão, não sinto a necessidade de recorrer a nenhuma dessas teorias rapsodicamente coerentes com as quais nós, estudiosos das humanidades, nos encantamos no final do século XX. Procederei, portanto, de modo eclético, e tomarei emprestados conceitos e teses para minha reflexão sobre a dimensão lateral de três diferentes escolas de pensamento: das observações sobre enxames; da descoberta dos chamados *neurônios-espelho* e da subsequente discussão sobre seu significado para a compreensão das relações sociais; e, finalmente, da pesquisa de primatas. Este eclético agrupamento de perspectivas tem por objetivo vislumbrar um elemento específico da experiência (de si) humana: o de que, por um lado, seus objetos permanecem completamente inacessíveis à consciência, seja como parte de um subconsciente psicanalítico, seja como um âmbito de processos puramente fisiológicos; por outro, no entanto, de que estes também quase nunca se tornam objetos claramente definidos da experiência (ou *intencionais*, como diz a filosofia fenomenológica). Antes, na multidão parece *correr junto* da consciência algo como um *sentimento* da relação lateral do próprio corpo com outros corpos, algo constantemente presente nas várias camadas de comportamento que compartilhamos com outros seres vivos, mas quase nunca percebemos – e que podem certamente ser transmutados em complexos de *objetos intencionais* por meio de uma reflexão ativa.

O *comportamento de enxame* se tornou um fascínio para pensadores e pesquisadores nas últimas décadas, pois os enxames, enquanto estruturas coletivas de seres vivos, demostram uma inteligência de movimento e de autopreservação que não pode ser encontrada nem nas unidades individuais que os constituem nem em sua mera acumulação. Isso também se aplica ao comportamento de massas humanas coordenadas por meio de dispositivos eletrônicos em manifestações políticas ou em situações de guerra assimétrica (o que explica por que as academias militares rapidamente se tornaram os lugares centrais para reflexões e investigações). Todos os seres vivos que não estejam permanentemente fixados a único lugar em sua existência, ou seja, seres vivos capazes de movimento, incluindo aí bactérias e a maioria das plantas, constituem-se em enxames, seja fundamental ou ocasionalmente. Os enxames podem ser definidos como a convergência de dois princípios opostos no que se refere à interação entre membros individuais, ambos os quais já notamos em relação às multidões. Os membros de um enxame são primeiramente atraídos pela concentração de um grande número de seu próprio tipo (e, mais particularmente, pelo que está em seu centro, como a rainha de um enxame de abelhas, ou pelos movimentos, como no caso de um bando de pássaros), e estes membros, em segundo lugar, tendem a evitar colisões mútuas apesar da convergência e da crescente proximidade. Nas arquibancadas

Torcidas

lotadas de um estádio, queremos ficar de pé ou sentados sem que puxem conversa conosco ou que sejamos empurrados por aqueles próximos a nós.

Entretanto, conforme nos aproximamos de um determinado centro de um enxame ou quanto maior a velocidade de seu movimento, a probabilidade de colisões aumenta, tornando-se um desafio que o enxame e suas unidades individuais superam por meio de *estigmergia*. Esse termo se refere a uma série de movimentos *similares* executados por unidades individuais de modo a evitar colisões individuais em que cada movimento é ligeiramente modificado em relação àquele da unidade anterior, o que impede um efeito tão paradoxal quanto catastrófico, a saber, uma colisão total que se dê por meio do acúmulo de atos *idênticos* de prevenção de colisões. A estigmergia nos é familiar sobretudo por conta dos contornos e curvas dos bandos de aves que se condensam e depois se expandem novamente. Juntos e como que em uma sequência, os movimentos individuais produzem certa complexidade (e muitas vezes uma beleza) de movimento, de autopreservação coletiva e também de conservação de energia para cada uma das unidades do enxame, que juntos correspondem a um alto grau de inteligência sem que essa inteligência tenha um centro ou uma estrutura hierárquica de comunicação de comandos. Essa inteligência está aqui fragmentada e ainda assim atua como vetor de um movimento comum.

Mas, tendo em vista a possível afinidade entre multidões humanas e enxames, estou mais interessado no aspecto de seu movimento do que no aspecto da inteligência (até porque a inteligência fragmentada de um enxame não pode ser experimentada pela consciência humana individual em seu interior). O ser-atraído para uma torcida e o evitar de colisões no interior

71

da torcida, os dois princípios laterais que constituem um enxame, nós já conhecemos do estádio. Se enxames e torcidas realmente se sobrepuserem como fenômenos e se os enxames não existirem sem movimento, então o movimento inevitável de uma torcida (enquanto enxame) que não tiver como se dar no espaço limitado do estádio poderá ser lá retido em latência. Movimento latente que muitas vezes percebemos no interior da multidão e enquanto parte da multidão como uma vibração psicofísica, como uma inquietação, um impulso intransitivo (por exemplo, na inquietação compartilhada com os jogadores após o "maior jogo de rugby de todos os tempos"); movimento latente que também pode ser percebido na energia de movimentos comuns desprovidos da possibilidade de articulação espacial (em gestos rítmicos paralelamente coordenados, por exemplo, dos cantos das torcidas); e movimento latente que sempre pode se transformar em violência, compreendida enquanto a tomada de espaços por corpos contra a resistência de outros corpos. Sem risco de violência não existe energia das torcidas. Dito de forma mais neutra: por trás da latência de acontecimento das torcidas está, presumivelmente, a latência de um movimento represado desse enxame.

Assim como o comportamento de enxame, os neurônios-espelho se tornaram um tema predileto de nosso presente intelectual desde o final do século XX. Mas aqui o ponto de partida não foi, como no caso dos enxames, uma mudança no interesse pelo comportamento humano, mas uma descoberta científica tangível que se aplica somente aos cérebros dos primatas. Durante os anos 1990, neurocientistas da Universidade de Parma descobriram neurônios em cérebros de primatas que eram ativados não apenas por certos movimentos e

Torcidas

comportamentos do corpo ao qual o respectivo cérebro pertencia, mas também pela percepção de movimentos e comportamentos similares de outros primatas (e, além disso, como hoje sabemos, também de criaturas de outras espécies). Neurônios-espelho são aqueles capazes de tal dupla resposta, e o efeito de sua ativação – um efeito que pode levar a uma maior empatia ou afinidade entre primatas, inclusive humanos – é chamado de *simulação encarnada*.

No que se refere ao estudo das multidões, e especialmente às torcidas, é importante enfatizar a observação de que os neurônios-espelho são ativados pelos movimentos percebidos quando eles se dão em uma proximidade tanto física quanto existencial ao corpo que percebe – no âmbito de sua *manualidade*, como diz Vittorio Gallese, pesquisador com excepcional formação filosófica que está entre os descobridores dos neurônios-espelho. Ao mesmo tempo, ficou claro, com base em experiências, que imagens transmitidas pela mídia, especialmente imagens em primeiro plano, provocam o mesmo efeito que movimentos percebidos não mediados. Fundamentalmente, porém, o mecanismo dos neurônios-espelho funciona apenas em relação a movimentos e formas de comportamento que pertencem a um repertório preexistente dos primatas que percebem. O som de um cão latindo, por exemplo, não ativa seus neurônios-espelho. Por outro lado, parece haver uma certa plasticidade ali, pois, ao contrário do latido de um cão, uma imagem de pássaros voando pode aparentemente ativar neurônios-primatas que provocam sentimentos de afinidade física ao voar (*empatia* pode ser um conceito demasiadamente carregado para descrever esse fenômeno em particular).

Com relação à dimensão lateral da proximidade, esse *estar-à--mão* no interior de uma multidão significa que, caso eu queira me comportar de forma semelhante aos corpos ao meu redor, não me será preciso copiar ativamente seus movimentos por conta do funcionamento dos neurônios-espelho. Uma disposição, talvez até um primeiro impulso para um comportamento análogo, já fica dada pela mera percepção do movimento de outros corpos — e é concebível que tal impulso seja combinado e reforçado com a latência de movimento de uma multidão enquanto enxame. São-nos familiares em especial os efeitos de neurônios-espelho da visão — transitiva — da torcida sobre o campo de jogo. Nossos músculos da coxa se ativam quando olhamos para o atacante dando um chute a gol, ou nossos braços quando vemos o goleiro se esticando em direção à bola. E aqui, também, o pensamento de uma possível conexão entre o movimento desencadeado pelos neurônios-espelho e a latência de movimento retida na multidão parece sugestivo. Talvez seja precisamente a convergência dos dois impulsos de movimento que explique a impressão de uma transitividade, uma atenção particularmente direcionada para os movimentos percebidos em campo; talvez seja esta a razão pela qual eu ainda possa me lembrar tão vividamente do gesto de Adi Preißler em fevereiro de 1958 e do chute de Uwe Seeler no Waldstadion de Frankfurt.

Ao contrário do comportamento de enxame e dos neurônios--espelho, o estudo dos primatas já havia servido como pano de fundo para o desenvolvimento de conceitos da autorreferência humana ao longo do século XX. Mas também nessa área de pesquisa ocorreu uma mudança produtiva de interesse. O comportamento dos primatas hoje não é mais estudado a fim de mais uma vez medir a suposta grande lacuna entre as formas de desempenho e inteligência dos primatas e aquelas especificamente humanas. Em vez disso, o foco agora se dá principalmente sobre contrastes mútuos e a conceitualização das diferenças fundamentais entre os dois. Isso também significa que as afinidades com outras espécies (por exemplo, afinidades entre humanos e outros primatas) não são mais entendidas como remanescentes evolutivos, e sim como potencialidades especiais passíveis de serem compreendidas.

Particularmente revelador no que se refere ao comportamento das torcidas de estádio é um momento de reunião que pode ser observado nos primatas antes do início de um movimento de enxame, momento que é marcado por um crescente *coro* formado por cada vez mais gritos. Neste ponto de partida, portanto, um enxame parece não poder ser completamente igualado nem ser congruente com seus movimentos; ele parece, antes, ser primeiramente capaz de uma latência – e essa latência inclui o comportamento vocal (o coro crescente das vozes dos primatas, e provavelmente também os cantos no estádio). Durante esse momento de latência, normalmente vários "iniciadores" entre os primatas se afastam em diferentes direções da aglomeração estabelecida e verificam, olhando sobre seus ombros, se suas ações provocam movimentos de cópia ou de estigmergia entre seus pares. Sabemos pelos bandos de pássaros presentes no solo em proximidade mútua que não há aqui qualquer decisão central e, certamente, nenhum líder. O movimento coletivo do bando eventualmente tenderá a se desdobrar na direção de onde ocorrerem mais e mais rápidas instâncias de cópia de comportamento.

É essencial enfatizar que essas relações laterais não devem implicar nenhuma associação com o conceito de empatia. Sem exceções, são apenas aqueles que fazem visível ou audivelmente parte de uma multidão ou de um enxame que pertencem de fato a eles. Primatas que perdem o contato com seu grupo não são buscados de volta. A capacidade de "colocar-se no lugar do outro" parece não existir nesse contexto em que não há nada mais que cópias de comportamento. Ainda mais, não se pode nem mesmo ter certeza de que haja algo como um luto por membros mortos de um grupo de primatas. O corpo do outro no enxame é, acima de tudo, uma unidade concretamente perceptível e copiável. Não há qualquer evidência de algo como um conceito de movimento comum, de sociabilidade geral ou sequer de um gênero. O que chamamos de sistema de controle racional (e, portanto, central) de movimentos de grupo em relação aos humanos, da perspectiva dos primatas, se tal controle sequer existisse, provavelmente pareceria uma pobre compensação para a concretude da presença física replicável.

Em todo caso, o fator decisivo para a dimensão lateral de nosso estar-no-estádio é a condição de que, em um estádio cheio, os corpos têm que se aproximar cada vez mais uns dos outros, o que significa que são desencadeados tanto os comportamentos de cópia quanto o de enxame, algo que não poderia fazer parte de um repertório de existência humana sob as condições normais de distância — seja ela natural, tecnologicamente condicionada ou higienicamente imposta. As consequências desses comportamentos e, portanto, a fenomenologia da dimensão lateral das torcidas pode ser então descrita a partir de três perspectivas.

Em primeiro lugar, faço parte da torcida com minha consciência e, por conseguinte, sou capaz de estar sozinho nela; minha consciência reconhece que não estou conectado com outros corpos no estádio por meio de empatia, como seria o caso em uma conversa com alunos ou com parentes em uma festa. Eu não "me coloco no lugar deles", não me identifico com eles – e certamente não vejo, no relacionamento dos torcedores adversários com sua equipe, um equivalente funcional do meu relacionamento com a minha própria equipe. A princípio, estou sozinho e isolado em minha consciência porque não experimento os outros corpos como sendo portadores de consciência própria, mas como objetos concretos que diferem de mim (ao contrário dos camarotes, na arquibancada eu não converso com o torcedor ao meu lado, nem antes do jogo, nem durante o intervalo). Isto não é, de forma alguma, uma deficiência da experiência de estádio nem uma desvalorização da minha individualidade. Ao contrário, os outros corpos que me acompanham podem justamente se tornar um pano de fundo concreto para minha concentração transitiva e solitária sobre acontecimentos de campo. Nada me distrai enquanto o jogo durar, e não há alternativa a essa concentração e seus objetos.

Em segundo lugar, provavelmente graças aos neurônios-espelho, estamos conectados aos outros corpos da torcida em nossa proximidade espacial e estar-à-mão existencial por meio de um comportamento de cópia recíproca que não precisa de uma reflexão consciente para funcionar. Esta deve ser a razão para que humanos possam às vezes "falar em línguas". Quando a Tribuna Sul em Dortmund canta *You'll Never Walk Alone*, eles não estão de fato se relacionando ao conteúdo de um texto lírico que fala, entre outras coisas, de uma cotovia, e sim produzindo uma cópia puramente física – e por esta mesma razão, tendencialmente sem sotaque – de uma sequência de sons em um determinado ritmo, algo que se torna possível sob as condições de

presença lateral. Em contraste ao que é relatado nos acontecimentos de Atos dos Apóstolos, os casos de "falar em línguas"
dentro das congregações cristãs radicais dos Estados Unidos
de hoje em dia não têm qualquer conteúdo que seja teológica
ou mitologicamente revelado a seus ouvintes em uma língua
anteriormente desconhecida pelos falantes, mas, na verdade,
são sequências sonoras e ritmos que *soam como* uma linguagem
idiossincrática, como se inspirada pelo espírito, mas que são,
em última instância, sequências sonoras sem conteúdo. É por
meio da realização de sequências desse tipo que um indivíduo,
na solidão de sua concentração, pode (lateralmente) tornar-se
parte de um corpo coletivo. Ao mesmo tempo, a relação de cópia
entre os diferentes corpos não tem de ser necessariamente uma
relação de um para um. Ela provavelmente também pode, especialmente nas bordas da multidão (ou do enxame), ser estigmergia,
cada cópia sendo sutilmente modificada em relação à anterior, talvez como acontece nas variações das improvisações de *jazz*.

Em terceiro lugar, se é verdade que a torcida, enquanto
enxame, tem uma direcionalidade de movimento que é represado até um ponto de latência sob o confinamento espacial do
estádio, então pode se explicar dessa forma por que a experiência
do estádio em sua dimensão vertical é permeada e elevada por
uma energia especial – isto é, justamente pela congestão desse
movimento represado. Tal energia sempre se descarregou em
movimentos concentrados de corpos coletivos – movimentos
que, em geral, se dissolvem no nada, mas que também podem
se transformar em violência se entrarem em colisão com outros
corpos. O perigo de tais eventos não é levado suficientemente
a sério por aqueles que os interpretam como meras expressões de protesto ou frustração. Pois sua brutalidade decorre

Torcidas

precisamente do fato de que são energia sem conteúdo psíquico. Como exemplo disso, a violência "não provocada" de um grupo de torcedores alemães que, após uma partida disputada em Lens na fase de grupos da Copa do Mundo de 1998 que havia terminado em um empate amargo, atacaram o *gendarme* Daniel Nivel e bateram nele até que entrassem em coma.

Sugerir que eventos com torcidas em estádios deveriam ser proibidos por causa desta ameaça de violência, que certamente nunca poderá ser completamente eliminada ou controlada, é uma posição compreensível – e que também ganhou impulso com o surgimento de outras "boas razões" durante o período de choque da pandemia de Covid-19, sobretudo no que se refere à minimização do risco de contágio. Mas ao mesmo tempo, o movimento latente e a energia represada das torcidas contêm um potencial de euforia sem o qual os eventos em estádio implodiriam enquanto rituais de presença. E é possível que hoje precisemos mais do que nunca destes rituais, que podem se elevar verticalmente para além da vida cotidiana por meio da energia lateral da cópia, da concentração transitiva com os acontecimentos em campo e, sobretudo, da energia represada do movimento.

Resta saber como compreender a relação entre a forma arquitetônica dos estádios e o grau de energia neles sentido. Isso é material para outro livro, mais longo – especialmente porque, no passado recente, e provavelmente não de todo por acaso, a construção de estádios se tornou um campo de experimentação para arquitetos proeminentes. É evidente que os estádios mais bonitos nem sempre são os mais intensos, em especial se eles dão muito espaço aos espectadores e distância ao campo dos atletas. Mas do contrário também não se pode fazer regra: a estreiteza pode até ser um pré-requisito melhor do que a expansividade para a intensidade do estádio, mas por si só certamente não é suficiente como garantia de intensidade. A energia da multidão parece ser mais intensa onde se vivencia um estádio, como se diz, abarrotado de gente. Talvez isso seja mais provável para estádios assimétricos que não foram construídos de uma só vez – Bombonera, Anfield, Dortmund. Novamente, não há fórmula, embora certamente a experiência se enriqueça quando a arquitetura está carregada com a história de seu lugar.

6
Na torcida – verticalmente: corpos místicos, intensidade, transfiguração

Já mencionei que a tradição teológica cristã, ao contrário da sociologia e dos estudos culturais, tem um conceito que compreende as comunidades de pessoas por meio de seus corpos e não de conhecimentos ou interesses em comum. Trata-se de uma compreensão de si mesma da Igreja Católica enquanto *corpo místico de Cristo*, expressão antecipada por Santo Agostinho em seus escritos do final do século IV e início século V em que ele formula, de modo mais simplificado, que a Igreja seria o "corpo de Cristo". O adjetivo *místico* que foi adicionado a tal formulação se referia inicialmente apenas ao *status* logicamente inexplicável de um Filho que vem à carne a partir de um Deus trinitário-espiritual. Foi somente na escolástica medieval que o conceito de místico começou a ser também associado ao corpo de Cristo como uma metáfora para a Igreja. Neste contexto, porém, o significado da palavra no sentido daquela inexplicabilidade parece ter continuado a predominar sobre sua associação à experiência imediata de Deus.

Mas como sequer aconteceu, em primeiro lugar, que os cristãos – ao contrário do monoteísmo judaico e islâmico – tenham desejado ver suas relações entre si como sendo mediadas pelo corpo? Por um lado, isso deve ter tido a ver com o fato de que eles sempre derivaram sua comunhão muito mais do Filho que veio à carne do que do Deus Pai e do Espírito Santo, por mais problemática que tal prioridade possa ser de um ponto de vista teológico; por outro lado, até hoje eles querem conservar essa comunhão tendo o sacramento da Eucaristia como ritual central, o que quer dizer, na compreensão católica: por meio da teofagia, comendo o corpo de Cristo e bebendo seu sangue (pois, em termos católicos, o pão e o vinho da Eucaristia não são *símbolos*, mas encarnam a presença real da carne e do sangue de Cristo).

O desenvolvimento mais recente e vinculante do motivo do *corpo místico de Cristo* para a compreensão de si mesma da Igreja Católica remonta a uma encíclica emitida durante o papado de Pio XII em 29 de junho de 1943. O Vaticano e o papa Pio XII deviam estar particularmente preocupados, na época, com a unidade não secular — agora *mística* em um duplo sentido — de seus fiéis, diante de uma situação mundial que dividiu cerca de 350 milhões de católicos entre as coalizões beligerantes. É provavelmente por isso que o texto da encíclica comece com a cena das línguas de fogo acima das cabeças dos apóstolos durante o primeiro Pentecostes, isto é, com o acontecimento fundador da Igreja Cristã.

Esta comunidade é então descrita em toda a sua dimensão institucional com a metáfora convencional do corpo. Três aspectos parecem notáveis — também em relação ao nosso interesse não teológico nas multidões de pessoas — e são apresentados no texto como interpretações específicas do adjetivo *místico* em cada caso. Primeiro, a experiência de que as instituições individuais da Igreja e, mais ainda, cada indivíduo cristão

– ao contrário dos órgãos de um corpo biológico – mantêm sua independência e até mesmo sua própria personalidade. Aqui pode haver uma afinidade com aquela nossa observação de uma solidão específica do espectador no estádio, uma solidão diante de um pano de fundo lateral dos corpos de outros espectadores que o acompanham (tornamo-nos, por conta disso, pessoas diferentes nas horas passadas no estádio?). Em segundo lugar, a encíclica enfatiza que a unidade corporal da Igreja se dá essencialmente a partir de olhares convergentes sobre a paixão de Cristo crucificado. Este motivo lembra a intuição da atenção individual-transitiva ao acontecer do jogo como uma das razões para o emergir da multidão enquanto corpo coletivo no estádio. Acima de tudo, porém, o verdadeiro apelo da encíclica surge do pensamento corrente, apenas secular, mas não teologicamente paradoxal, de que a concentração no sofrimento físico de Cristo seria para a Igreja motivo de maior alegria e êxtase.

É precisamente em suas três dimensões de sentido que a estrutura argumentativa da encíclica de 1943 pode nos fornecer uma forma para a continuação de nossa reflexão sobre a experiência de um estar no interior de uma torcida no estádio que aqui começa. Será uma questão de apreender o modo como um êxtase comum pode surgir a partir da atenção transitiva de indivíduos dispostos lateralmente sobre acontecimentos corporais. O advérbio *verticalmente*, no título do capítulo, se refere a isso. Entretanto, a verticalidade de estádio não é uma verticalidade transcendente, religiosa. Quando uma atmosfera emerge no estádio, ela não se ergue em direção a outro mundo superior. Ao contrário, é precisamente nesta imanência de acontecimentos de estádio que reside uma condição para sua intensidade como uma celebração da presença real: esta intensidade imanente não pode evaporar para outras esferas. Portanto, o esporte de espectador não substituiu de forma alguma a religião em nosso presente – algo que se tornou uma espirituosa e popular opinião entre os intelectuais – e os estádios não são nossas catedrais, por mais que suas atmosferas e às vezes até mesmo as arquiteturas de estádios e catedrais possam se assemelhar. Uma outra fronteira, que não é nem religiosa nem vertical, será agora considerada como um pré-requisito para o êxtase, ou seja, a oposição – nos esportes de equipe tão essencial quanto precária – aos torcedores e jogadores do time adversário.

Este capítulo sobre a dimensão vertical da torcida parte de posições menos ecléticas do que as considerações precedentes sobre seu eixo lateral. Em primeiro lugar, quero explicar o que significa exatamente falar de eventos de estádio como rituais de *presença*. Depois, uso dois termos intrinsecamente complexos, a saber, *intensidade* e *ritmo*, para descrever as duas versões possíveis da elevação de uma torcida ao êxtase. Dito de forma menos filosófica: trata-se de uma experiência de si desencadeada por uma concentração individual sobre movimentos que se dá apenas no interior de uma torcida, uma experiência de si que não corresponde nem às estruturas de comportamento subjetivo (algo como uma *excitação*) nem às de fenômenos da natureza (como a chuva).

Uma perspectiva de presença, como pressuposta na análise da intensidade e do ritmo na torcida, esteve implícita já quando eu enfatizava que não queria falar das massas como se fossem sujeitos de ação ou mesmo indivíduos. Fundamentalmente, podemos abordar qualquer objeto intencional, ou qualquer percepção que se torne um objeto em nossa consciência, sob duas perspectivas: podemos ou *interpretar* um objeto, uma pessoa ou um coletivo, atribuindo-lhes uma função ou uma intenção (caso em que, por exemplo, as massas se tornam inevitavelmente sujeitos de ação), ou, alternativamente, também nos relacionarmos com um objeto, um indivíduo ou um coletivo numa relação de *presença*, isto é, quando relacionamos seu aparecer concreto no espaço ao nosso próprio corpo (a acepção original do verbo *praeesse* é o de "estar diante de alguém/algo"). Desde o século XVII, com o advento, no Ocidente, da racionalidade e da razão como os pré-requisitos incondicionais da coexistência humana, a premissa da presença se tornou cada vez mais uma exceção em nossas relações para com os objetos do mundo. Em alguns contextos específicos, no entanto, ela ainda impera – por exemplo, como vimos, na relação lateral com outros corpos no estádio e, sem dúvida, também em nossa concentração transitiva sobre os corpos em campo. É precisamente isso que explica o *status* especial dos eventos em estádio como rituais de presença dentro de um cotidiano que, de resto, se dá principalmente como um conjunto de atos de interpretação de mundo.

Mas sob que condições e com que consequências as relações de presença vêm a ser tais processos que constituem os eventos de estádio e nos prendem a eles? Minha primeira resposta a essa pergunta será, como já dito, baseada no conceito de *intensidade*, que se tornou uma palavra favorita de atualidade (inclusive entre as pessoas do próprio esporte), e, aqui, será emprestada a partir de sua elaboração pelo filósofo francês Gilles Deleuze (que surpreendentemente é uma das poucas pessoas a tentar pensar nessa direção). Deleuze postula que por intensidade entendamos sempre aqueles movimentos exteriores a nós cujo início se dê a partir de uma multiplicidade de entidades individuais que são semelhantes ou idênticas entre si. De início, estas entidades estão simplesmente ao lado umas das outras, sem estar conectadas por padrões determinados em uma relação específica. Deleuze chama tais conjuntos de entidades sem uma relação específica de *corpos sem órgãos*, e vejo aqui uma afinidade com nossa descrição da relação lateral, não empática entre corpos em uma torcida. Corpos sem órgãos, ou corpos alinhados lateralmente em uma multidão, parecem mostrar uma ressonância mais forte aos movimentos que lhes perpassam do que os corpos com estrutura orgânica ou grupos mais bem definidos de corpos.

Os movimentos verticais exteriores a nós chamados de *intensidade* são, então, movimentos com os quais podemos nos relacionar sem tê-los à nossa disposição, de modo que não devemos nos referir tanto a eles enquanto certos *sentimentos* específicos, e mais segundo seus graus de ativação. Em princípio, movimentos de intensidade levam do ponto de partida anteriormente mencionado de um corpo sem órgãos enquanto *status* de abertura absoluta na relação entre as entidades individuais (entropia, em que qualquer relação é possível) a pontos finais com uma determinidade absolutamente fixa (negentropia, em que não há mais quaisquer aberturas possíveis), algo que se cristaliza em termos como *intoxicação*, *buraco negro*, *vício*, *orgasmo*, *morte*, mas também *êxtase*. Todos esses termos se referem a pontos finais em que não nos resta mais qualquer escolha subjetiva de comportamento e ação, e que geralmente experimentamos, negativamente, como dependência, mas em alguns casos também positivamente como realização existencial incondicional. Todo jogo que vemos percorre o caminho da entropia à negentropia, de um tudo quase infinito do que pode acontecer a um ponto final onde nada mais está em aberto ou pode ser reversível.

Mas como os movimentos e processos de intensidade passam do jogo para uma torcida? Como que a torcida é arrebatada e

Torcidas

encarna tal intensidade? Eu vejo pelo menos três mecanismos potencialmente paralelos. Em primeiro lugar, sob a condição de proximidade no interior do estádio e tendo em vista a tendência ao enxame de muitos corpos reunidos, há fundamentalmente aquela latência de movimento represado na qual há sempre um potencial de escalada e um risco de explosão violenta. Sentimos a pulsação de um movimento que não se articula plenamente. Associo esse potencial não realizado de uma escalada, por exemplo, ao ritmo permanente do batuque que se encontra presente em muitos estádios sul-americanos, independentemente do curso da partida – bem como ao medo de ser esmagado no estádio. Em segundo lugar, nossa percepção transitiva de certos movimentos específicos no campo (como o chute de Uwe Seeler ou as defesas de Toni Turek nos minutos finais da final da Copa do Mundo de 1954), multiplicada por meio dos neurônios-espelho, também pode levar a explosões de intensidade – momentos em que, por exemplo, torcedores que nunca antes se haviam visto na vida se abraçam como resultado de sua experiência compartilhada. Em terceiro lugar, e acima de tudo, o desenvolvimento dramático do jogo libera energias graças às quais os corpos lateralmente presentes podem elevar-se àquele êxtase coletivo.

Nunca, como dito anteriormente, senti isso mais claramente do que na grande partida de rugby em Sydney no ano 2000, na qual as sucessivas viradas do placar levaram os torcedores de ambos os lados a um estado de êxtase ao final do jogo. Estruturalmente, o mesmo se aplica ao jogo da semifinal da Copa do Mundo de 1970 no México, vencido pela Itália contra a Alemanha na prorrogação, que alguns espectadores da minha geração em ambos os países envolvidos ainda se referem como tendo sido a maior partida de todos os tempos. Jamais consegui descobrir qualquer padrão específico que conecte certas sequências de acontecimentos durante um jogo e a ativação de estados de alto astral entre os torcedores, mas ao menos quase ninguém parece duvidar de que tal relação exista.

De todo modo, momentos de êxtase no estádio surgem, por um lado, da percepção de cada pessoa de uma escalada de seu próprio potencial de energia e, por outro, de uma sincronia de movimento para com outros corpos. Neste processo, uma modalidade de existência física torna-se acessível à minha consciência individual, uma espécie de vibração corporal, por assim dizer, pela qual eu mais tarde anseio, à qual quero voltar. Uma vez ativada, esta modalidade parece ter um efeito largamente desprovido de conteúdo; ela não permanece ligada à memória das imagens que a causaram. Embora a memória do estranho gesto de Adi Preißler possa me levar de volta à primeira grande experiência em estádio da minha vida naquele fevereiro de 1958, eu não o associo a qualquer significado específico – por trás do gesto há mais um indício de um êxtase físico sem conteúdo que fez de mim um torcedor para toda a vida.

Certamente, porém, a percepção do outro, da torcida adversária (e não apenas a percepção dos jogadores adversários) contribui para o processo de intensidade. Ela desencadeia uma simultaneidade paradoxal de impulsos agressivos e, ao mesmo tempo, o impulso de se voltar para o próprio corpo coletivo, dois impulsos que reforçam a impressão de homogeneidade dentro do próprio grupo. Que o antagonismo entre as torcidas adversárias seja superado e se torne um êxtase comum a todo o estádio, de todos os atletas a todos os espectadores (como naquele caso em Sydney), continua sendo uma rara exceção. Eu mesmo normalmente reajo, por mais excepcional que tenha sido a partida, com impulsos de agressão difusa quando me decepciono com o resultado final. Eu assisti à hoje canonizada final da Champions League de 2013 entre Borussia Dortmund e Bayern de Munique em um bar em Santiago, no Chile. Quando Arjen Robben marcou o gol decisivo aos 44 minutos do segundo tempo para dar ao Bayern a vitória por 2 a 1, varri da mesa com uma brusca braçada todos os copos ainda cheios de uma rodada que eu havia acabado de pagar para um grupo de amigos e desconhecidos após o gol de empate do Dortmund, que saíra poucos minutos antes. Teria tal reação sido concebível também durante a transmissão de uma partida sem torcida? Ainda não vivenciei isto em específico para dar uma resposta que não seja meramente especulativa. Entretanto, quando saio do estádio após uma derrota de Stanford para Berkeley no *Big Game*, sei, depois de ter vivido isso repetidas vezes, que tenho de me conter, e não sem algum esforço, para não emitir comentários provocadores em direção aos torcedores adversários.

Mas, algumas horas após o final do jogo, e certamente já pela manhã seguinte, geralmente prevalecerá uma memória mais ou menos épica da qualidade do jogo, de seus momentos carismáticos e de seu drama. Nunca parecerá ser o momento certo de se estar triste se não houver uma aura conciliadora e desprovida de agressividade. O impulso violento, no entanto, me é familiar – e certamente não nego o risco associado a ele (dada minha idade, sobretudo um risco para mim mesmo). O que eu poderia e deveria fazer para evitar tais impulsos, sem simplesmente suprimi-los? Minha tentativa de dar uma resposta a isto traz um aspecto final do processo de intensidade.

Pois, como eu disse, concordo com a observação de Deleuze de que nós experimentamos a intensidade sob a forma de um processo externo e independente de nós mesmos. Por um lado, isso significa que é preciso conscientemente se deixar envolver por tal processo ("jogar-se nele enquanto ainda está aberto" parece ser uma descrição adequada) a fim de chegar a um tal estado de êxtase – mesmo que o esforço nem sempre seja bem-sucedido. Do outro lado do processo de intensidade, está a possibilidade (e a necessidade) de um pular fora, um pular fora oportuno, um pular fora no último segundo, antes que a frustração e a agressão tenham paralisado a nossa lucidez e vontade individual. Mas tal pular fora, tal desprender-se, pode ser surpreendentemente difícil – mesmo quando o time está se aproximando cada vez mais da derrota inevitável. Queremos nos distanciar, mas já nos tornamos parte de uma dinâmica aparentemente irreversível. Talvez seja esta a razão pela qual, no longo prazo, a existência de uma grande massa de torcedores não dependa apenas do sucesso de suas equipes.

No beisebol, em particular, o carisma especial das equipes populares tem sido repetidamente ligado a anos de fracasso em momentos cruciais, que são então interpretados e adornados como uma *maldição*, uma épica vingança do destino por alguma má decisão do passado. Talvez seja por isso que os torcedores de beisebol sejam especialmente apegados a estatísticas – seu esporte jamais poderá ser de todo dominado, nem mesmo pelos maiores atletas e pelas melhores equipes, e o acaso sempre terá um papel evidente nas vitórias e derrotas. No sentido de tal maldição, tornou-se parte da história norte-americana, e ao mesmo tempo um segredo econômico de sucesso, aqueles 86 anos sem um título nacional sequer que o Boston Red Sox teve de suportar desde que vendeu o incomparável Babe Ruth para o New York Yankees por $125.000 em 1918. Naquele ano, a liderança do mais tradicional esporte norte-americano passou dos Red Sox para os Yankees, time de até então pouco sucesso. Mas desde seu último título nacional, em 2004, a popularidade dos Red Sox não necessariamente aumentou, precisamente porque o encanto específico de sua aura foi perdido junto com sua maldição.

Ainda mais absurda é a história dos Hanshin Tigers, fundados em 1935 como um dos times da Liga Japonesa de Beisebol, cujo estádio Koshien, localizado entre Osaka e Kobe, esgota seus ingressos com anos de antecedência e possivelmente têm o maior número absoluto de espectadores por ano de qualquer time no esporte profissional. Os Tigers não vencem o campeonato nacional desde 1985. Diz-se que a maldição em vigor aqui remonta às celebrações da vitória de 1985, quando alguns torcedores eufóricos do Tigers que se pareciam com certos jogadores da equipe campeã saltaram em um canal próximo ao estádio em frente a uma grande multidão. Como nenhum torcedor japonês se parecia com o *pitcher* norte-americano Randy Bass, os torcedores decidiram, em vez disso, jogar no canal uma estátua em tamanho real do Coronel Sanders, a figura promocional da rede de *fast food* Kentucky Fried Chicken, que estava ali por perto. Apesar de sérios e custosos esforços, a estátua nunca foi totalmente recuperada da água – e os Tigers continuam na seca de títulos.

O conceito de *ritmo* traz aspectos completamente diferentes no que diz respeito ao surgimento de um êxtase ligado às massas. Elias Canetti dedicou-lhe um capítulo em seu livro *Massa e poder*, que assume, com razão, que o ritmo de uma massa é realizado principalmente pela batida de pés. Como exemplo central – e para ele assustador –, Canetti descreve a dança de guerra do *haka* da cultura Maori da Nova Zelândia, aparentemente sem saber que a seleção neozelandesa de rugby realiza esta coreografia de gestos agressivos e rostos distorcidos antes de cada partida para o delírio de seus torcedores. Mas Canetti consegue ir pouco além da afirmação bastante banal de que "a intensidade de uma ameaça comum é característica do *haka*", comentário que, para além de evidenciar seu desprezo pelas massas como um pressuposto universal, também indica sua incapacidade em compreender a complexidade do ritmo e suas consequências para o comportamento de massas.

Qualquer fenômeno pode ser subsumido sob o conceito de *ritmo* desde que seja uma solução prática para a questão de como um objeto temporal em sentido próprio pode ter uma forma. Objetos temporais em sentido próprio são todos os fenômenos que só podem existir em seu desdobramento temporal: língua falada, música e clima, por exemplo, em oposição a estruturas linguísticas, fotos e paisagens. Eu concebo *forma* como a "simultaneidade da autorreferência e da referência ao outro" (a forma de um círculo, por exemplo, refere-se simultaneamente ao próprio círculo e ao resto do mundo fora do círculo). O problema da compatibilidade entre forma e objetos temporais em sentido próprio – problema resolvido pelo ritmo – surge do fato de que uma forma que muda constantemente (por exemplo, de um círculo que passa para um quadrado que passa para um losango) não poderia mais ser concebida como uma forma. A solução prática para o problema, contudo, surge quando uma sequência estável de formas sucessivas sempre retorna à forma inicial (círculo, quadrado, losango; círculo, quadrado, losango etc.). Pois então a estabilidade da sequência repetida, rítmica de formas substitui a estabilidade de uma forma única que não muda.

Sem necessariamente ter que entender todos seus diferentes aspectos, na vida cotidiana associamos os ritmos principalmente a três funções: à coordenação de movimentos corporais, à memória (sua função "mnemotécnica") e ao efeito de evocação, ou seja, à impressão de que objetos da imaginação se tornam substancialmente presentes sob a influência de ritmos. A primeira função, da coordenação corporal, é importante para as multidões que sentem a pulsação de um movimento represado e pode ser explicada a partir da distinção entre dois tipos de conexão entre sistemas (ou corpos). As conexões de segunda ordem, para as quais, por exemplo, diferentes línguas servem como meio, são produtivas, isto é, há certos estados que surgem neste tipo de conexão que não teriam surgido sem ele. Por outro lado, conexões de primeira ordem, ou conexões que têm o ritmo como meio, são improdutivas, porque passam toda vez pelas mesmas sequências de estados, e em relação aos seres humanos isto significa que as conexões de primeira ordem ocorrem sob uma relativamente baixa tensão de consciência. É por isso que os corpos, sob a influência de ritmos, se reúnem na forma de multidões. Devido à sua baixa tensão de consciência, eles se rendem facilmente a ritmos comuns – como evidenciado pela existência de música militar, para dar um exemplo.

Em minha explicação da função de memória do ritmo, utilizo duas palavras do grego antigo, *chronos* e *kairós*. Diz-se que *chronos* é o tempo corrente sem início nem fim que associamos particularmente aos movimentos. Entretanto, quando identificamos movimentos como sendo rítmicos, assumimos que eles sempre chegam a pontos de início e de fim, ou seja, que eles têm forma no tempo. Ritmo, ou o tempo como forma (eu o chamo de *kairós*), imprime-se em ou interseciona-se com o tempo aberto e contínuo (*chronos*). Dentro do tempo como forma, porém, que se repete constantemente, todos os momentos do passado e do presente tendem a se tornar simultâneos, visto que eles nunca permanecem firmemente ancorados no passado. E isso torna plausível a experiência de que o conhecimento do passado armazenado em forma rítmica não se perde, mas permanece sempre recuperável através dessa própria forma.

Disso decorrem duas consequências para a teoria das multidões. Primeiro, ritmos podem dar à multidão sua forma temporal: elas são então constituídas, antes do jogo, por meio de ritmos e se dispersam quando, após o jogo, os ritmos arrefecem. Neste sentido, os cantos dos torcedores antes e depois do jogo devem ser particularmente efetivos. Ao mesmo tempo, porém, as memórias se tornam presentes sob a influência do ritmo (por exemplo, o ritmo dos batuques nos estádios sul-americanos), lembranças que hoje podem ainda ser reforçadas pelas imagens nos telões – mas que provavelmente foram sempre desencadeadas sobretudo pela associação com a arquitetura do estádio. Os estádios antigos e historicamente carregados têm a vantagem desta possibilidade frente aos novos estádios, às vezes em um nível quase surrealista. No estádio de Dortmund, ainda consigo me "lembrar" da dramática vitória na Champions League em abril de 2013 contra o Málaga com dois gols nos acréscimos, embora eu nem estivesse lá – mas as imagens de TV das jogadas decisivas foram feitas de uma perspectiva que me era familiar, e também pude encarnar a descrição de Christian Kamp na *Frankfurter Allgemeine Zeitung* na manhã seguinte: "Qualquer um que quisesse sentir a verdadeira profundidade emocional desta noite teria de dar uma olhada no canto nordeste do estádio, onde os torcedores do Málaga e do Dortmund se aplaudiam ao deixar o estádio" (foi um daqueles momentos!). Durante minha noite na Bombonera, eu havia até sonhado com jogos que só

Torcidas

existiam em minha imaginação, sonhos ativados pela arquitetura ao meu redor.

Finalmente, como explicar a evocação como função do ritmo, isto é, a impressão de que às vezes o ritmo pode fazer com que objetos ou corpos de nossa imaginação pareçam estar presentes de forma tangível? Para responder a isso, faremos um produtivo desvio final a uma experiência de pensamento sobre o *Homo sapiens* que o filósofo americano George Herbert Mead fez há quase cem anos – *Homo sapiens*, podemos acrescentar, que Mead imaginava ser um humano com tensão de consciência menor que os humanos contemporâneos. O que acontecia quando este *Homo sapiens* ouvia sons incomuns? Tais sons, escreve Mead, deviam evocar imagens, em sua mente, de animais que seriam mais fortes e de animais que seriam mais fracos. Tais imagens, por sua vez, levariam diretamente à ativação de nervos e a movimentos musculares: a movimentos de fuga quando o outro animal era imaginado como mais forte, e a movimentos de ataque quando o outro animal era imaginado como mais fraco. Em qualquer caso, o *Homo sapiens* reagia como se o animal imaginado estivesse realmente presente, em outras palavras: o som incomum evocava o outro animal em sua imaginação. Justamente esta reação imediata ligada a esta forma de presença não ocorreria, Mead concluiu, se o homem primitivo tivesse reagido ao mundo e a seus sons com maior tensão de consciência, no nível daquela que os humanos de hoje em dia possuem. Pois nessa maior tensão de consciência, filtramos as representações por meio de conceitos e, assim, interrompemos a impressão de imediatez dependente do *como se* da presença real, incluindo suas reações corporais.

Tal presença aparentemente real de outros corpos evocados sob a influência de ritmos e sob baixa tensão de consciência, imagino, corresponde ao que a linguagem do Novo Testamento chama de *transfiguração*, ou seja, a unidade paradoxal de uma presença que é ao mesmo tempo distante e tangível. Transfigurados para nós, nesse sentido, são os gestos e movimentos dos atletas que acompanhamos no estádio com atenção transitiva da multidão. Por um lado, seus corpos e movimentos estão afastados de nós porque, como espectadores, não podemos fazer parte de sua competição; mas, ao mesmo tempo, na experiência e sob o ritmo da multidão, eles são, por assim dizer, reais e tangivelmente presentes também para nossa imaginação corporal. Tais corpos transfigurados, porém, dificilmente se tornam portadores de valores morais, como tantas vezes é assumido por "amigos do esporte" pedagogicamente bem-intencionados. Ao contrário do que é nossa percepção primária, esses corpos se tornam presentes em nossa imaginação no contexto de um aumento de intensidade. Jonah Lomu, da equipe de rugby da Nova Zelândia, que tive a sorte de ver em um de seus maiores jogos, estava e está presente para mim como se fosse eu que estivesse jogando com e contra ele ao mesmo tempo. Tridimensionalmente presente, real, imparável e casual – isto é, transfigurado.

Sobre a transfiguração neste sentido de uma realidade do poder de nossa própria imaginação, Friedrich Nietzsche escreveu, em seu tratado sobre o *Nascimento da tragédia*: ao "coro ditirâmbico" é dada "a incumbência de excitar o ânimo dos ouvintes até o grau dionisíaco, para que eles, quando o herói trágico aparecer no palco, não vejam algum informe homem mascarado, porém uma figura como que nascida da visão extasiada deles próprios". O teatro trágico de Dionísio em Atenas, enquanto local das antigas tragédias gregas e suas figuras de visão "nascidas do êxtase dos espectadores", a igreja como o local da presença corpórea real e transfigurada de Cristo e os estádios de hoje em dia foram e são lugares rituais onde as pessoas reunidas se tornam *corpos místicos* coletivos cuja intensidade e ritmo particulares podem evocar outros corpos em transfiguração. Mais uma vez, eu gostaria de enfatizar que o esporte, o estádio e suas torcidas não precisam da comparação com a tragédia ou com a Eucaristia com o propósito de algum ganho de prestígio cultural. Tais comparações são produtivas simplesmente porque tornam possível uma descrição suficientemente complexa do evento esportivo como uma experiência de massa.

Os efeitos da transfiguração, a presentificação do passado, a formação do presente e, finalmente, a coordenação dos corpos individuais sob a influência do ritmo, sempre foram, de todo modo, permeados pela intensidade de um potencial de movimento anônimo fora de nós mesmos que pode nos elevar ao êxtase – ou nos transformar em veículos de violência. Vivemos tais momentos na torcida em uma chave do sublime, sublime não por causa dos objetos de nossa atenção, mas porque nossas reações a eles transcendem quaisquer conceitos e argumentos.

7
O estádio como ritual de torcida

Hoje em dia, os eventos de multidão ocorrem em estádios muito mais frequentemente do que há meio século. Desde o final dos anos 1970 e a ascensão de Freddie Mercury e sua banda Queen à fama mundial, o rock de arena tornou-se não apenas um fato da vida, mas um popular gênero de música em si mesmo. A canção "We Are The Champions" representa isso. Em 23 de junho de 2019, a missa de encerramento do Fórum da Igreja Protestante Alemã se deu no maior estádio da Alemanha, em Dortmund (por mais que o número de 32 mil participantes tenha sido considerado "decepcionante"). Contudo, uma esperança brevemente renovada na eficácia política das formações espontâneas de multidões desvaneceu-se novamente na medida em que as arrebatadoras cenas da Primavera Árabe e dos dias da Revolução Maidan em Kiev foram arquivadas no fundo de nossas memórias históricas.

Apesar desta configuração de tendências, minha observação de que "as massas chegam a seu fundamento justamente no estádio" pode ter parecido enganosa. Pois insinuar seriamente que poderia haver versões perfeitas ou completamente corretas para qualquer fenômeno seria um pensamento pseudoplatônico e consequentemente pseudofilosófico do pior tipo. Portanto, eu deveria reformular a frase. Inicialmente, olhar para as multidões no espaço dos estádios e para os espectadores de eventos esportivos nos ajudou a evitar duas formas tradicionais de análise: o tradicional desprezo pelas massas e sua igualmente pouco convincente "heroização" como agentes da história. Ambas as abordagens vinculam as massas ao conceito de *sujeito*, seja positivamente, como sujeito coletivo heroico de *status* superior, seja negativamente, como um ambiente que supostamente reduziria a inteligência de seus sujeitos individuais.

Em contraste a isso, a perspectiva do estádio tenta jogar luz sobre uma complexidade até então pouco discutida, a dupla complexidade do fenômeno da torcida. A saber, por um lado, a ambivalência entre a conhecida tendência à violência dessas multidões e a possibilidade de acessarmos, enquanto parte das multidões, uma intensidade que de outro modo seria inacessível, um êxtase. Para reformular, podemos, portanto, dizer que as multidões talvez não necessitem do estádio para "chegar a seu fundamento", mas que é por meio do contexto de estádio que elas se tornam acima de tudo um objeto intelectualmente gratificante.

Entretanto, não quero estender essa análise teórica das torcidas a uma terceira etapa (inclusive porque tais processos de desdobramento conceitual nunca chegam a um fim). Ao contrário, nos dois capítulos conclusivos, meu objetivo é descrever mais uma vez a experiência da torcida no estádio a partir de duas perspectivas concretas. Ambas mostrarão as torcidas como um fenômeno de presença – ou seja, como expliquei em minha definição de presença, à distância de, justamente, uma interpretação de suas funções ou ações como tentativas de mudar o mundo. Do ponto de vista da presença, funções e ações efetuadas no tempo são substituídas por rituais, ou seja, por formas de autodesdobramento dos fenômenos no espaço (e estou me referindo a rituais no sentido amplo da linguagem contemporânea atual, não a rituais religiosos em específico). Tais rituais são coreografias dentro das quais podemos nos mover sempre novamente sem jamais mudar o mundo por meio delas. Tendo como pano de fundo nossos dois capítulos teóricos, visualizar os eventos em estádio como rituais deve abrir a possibilidade de vivenciá-los e avaliá-los em termos de sua alienação produtiva.

A coreografia particular do ritual do estádio geralmente começa a alguma distância do local. Em casa, no trabalho, na estação de metrô, em dia de jogo nos sentimos atraídos para o estádio – atração que é também física. Nos sábados de outono em que o time de futebol americano de Stanford joga em casa, eu nunca consigo de fato trabalhar na biblioteca até a hora planejada. Torno-me incapaz de me concentrar em outra coisa e a caminhada desde o escritório da biblioteca, passando pelo Encina Hall até o estádio, leva muito menos tempo do que os quinze minutos habituais (minha esposa diz que não quer mais "correr" comigo, de modo que hoje em dia nos encontramos direto no estádio nos assentos de sempre, fileira 11, na altura da linha das quarenta jardas). Em Dortmund há um corredor amarelo brilhante que leva da estação de trem, na cinzenta zona norte, ao estádio, na verde zona sul da cidade – um corredor, para alguns uma pista de corrida, mas para ninguém um calçadão para socialização. Quem será que teve a ideia de que os torcedores, neste caminho da estação até o estádio, teriam tempo ou disposição para parar no belo Museu do Futebol Alemão? Os estádios, em dias de jogo, são inigualáveis e poderosos ímãs, centro de existência para os torcedores, sem alternativa ou distração.

O pulso pulsa mais forte à medida que chego perto do estádio, seja vendo o vermelho em Stanford ou o amarelo em Dortmund tomando tudo ao meu redor. Em Istambul, antes dos clássicos entre Fenerbahçe, Galatasaray e Beşiktaş, os policiais já começam a direcionar os respectivos torcedores a quilômetros de distância dos estádios, de modo a separar suas rotas e evitar explosões de violência. Quando o Borussia não está jogando seu clássico contra o Schalke 04, ainda bebo minha única cerveja (amarela!) do ano em Dortmund a caminho do jogo, apressadamente, porque tenho que chegar cedo ao estádio ainda quase vazio, que logo vai se enchendo, cada vez mais rápido, ou, na verdade, ao mesmo tempo muito rápida e muito lentamente para mim – e no processo se torna um espaço outro, um outro mundo real onde me perco da vida cotidiana em uma intensidade concentrada. Tal distância da vida cotidiana vai se estabelecendo gradualmente: as equipes vêm para se aquecer, desaparecem nos vestiários, retornam ao campo como em um desfile conjunto. Oito minutos antes do pontapé inicial, os alto-falantes em Dortmund tocam *You'll Never Walk Alone*, o hino do estádio importado há muitos anos do Liverpool. A Tribuna Sul canta junto e depois tende em direção ao jogo, aproximando-se dele o tanto quanto possível, sem dele se tornar parte.

Mesmo nos estádios cobertos, onde a impressão das formas arquitetônicas pode ser sentida ainda mais intensamente, o gelo do hóquei ou a quadra de basquete permanecem separados, seja por meio das paredes de vidro ou por simplesmente nada – e,

Torcidas

ainda assim, fechados de forma impenetrável aos torcedores. No beisebol, às vezes alguns destes podem até sentar-se à altura do gramado, quase dentro do jogo, mas ainda separados. Qualquer que seja nosso lugar, não queremos nada mais que ver movimentos, formas de corpos transfigurados que se elevam contra a resistência de outros corpos e contra todas as probabilidades, apenas para então desaparecer novamente. Formas como acontecimentos, formas que experimentamos sem, contudo, encarná-las nós mesmos.

No começo do jogo, o estádio está carregado com duas tensões: há nosso time e o outro time, nós e a outra torcida (nós e nosso time, a outra torcida e seu time). Conforme o jogo se desenrola, nós e os outros torcedores nos tornamos corpos místicos, ambos dependentes de seus respectivos times, mas não idênticos a eles, enquanto os árbitros, para ambos os lados, sempre parecem pertencer ao outro corpo místico uma vez que eles não são, afinal, nada mais que um obstáculo potencial para o surgimento de jogadas de nosso próprio time. A substância elementar do estádio se divide em duas zonas e suas energias subsequentes, não há uma terceira. Duas substâncias e duas energias que se formam e se carregam uma contra a outra, sem sobreposição. Em particular os grandes clássicos trazem esta separação absoluta a uma espécie de êxtase que só pode surgir no estádio, porque o estádio torna visível, condensa e comprime as tensões da cidade e todas as suas histórias.

Adriano Celentano, um torcedor roxo (*tifoso*) da Internazionale de Milão e, portanto, rival do AC Milan, o outro time de sua cidade (e o adversário de quartas-de-final do Borussia Dortmund naquele fevereiro de 1958), cantou a tensão do clássico de 1965 em um dos maiores *hits* de futebol de todos os tempos,

Hans Ulrich Gumbrecht

"Eravamo in Centomila" [Éramos cem mil]. Mesmo o título aparentemente simples é interessante, porque a preposição *in* faz com que o enunciador e a ouvinte da letra (ele e ela, respectivamente) se tornem corpos em uma multidão de cem mil torcedores. Tudo isso no estádio de Milão, que naquela época ainda era chamado de San Siro, o nome do bairro (o San Siro renovado leva o nome de Giuseppe Meazza, o carismático atacante da seleção italiana campeã do mundo em 1934 e 1938). "Ela do Milan", ele "da Inter", ele a viu no clássico no meio dos cem mil torcedores, "de uma ponta a outra [do estádio]" (em italiano, as palavras também podem significar "de um gol a o outro"): "Eu sorri a você/e você disse sim". Resta-lhe esperar vê-la novamente após o final do jogo – mas ela "vai embora fugida com outro no bonde". Na vida cotidiana após o jogo, portanto, não há sobreposição entre os corpos místicos formados durante o clássico e aqueles que os compõem.

"Se não me engano, você viu o Inter-Milan comigo", ele diz no início da canção. "Comigo", mas depois dos primeiros rápidos momentos de conversa ("Desculpe-me!", "O que é isso?", "Onde você vai?", "Por quê?") não há mais resposta dela, a *bella mora*, a bela morena, a torcedora do Milan a quem ele tão saudosamente se dirige. Teria sido "um jogo entre nós dois", ele canta: "Você fez um gol (*un gol*)/bem na porta [no gol] (*la porta*) do meu coração/e eu entendi que só existe você para mim". Sem resposta. "Io dell'In (*Inter!*)/ Lei del Mi (*Milan!*)", assim termina o canto de um trágico amor de que não pode ser consumado: "Io dell'In/ Lei del Mi – o bella mora".

Os meados dos anos 1960, com três campeonatos italianos e dois europeus, foram os anos da "Grande Inter", a *squadra nerazzurra* de Sandro Mazzola, por quem fui tão influenciado a ponto de deixar meu bigode crescer durante alguns meses em que trabalhei perto de Milão em 1972, ano de uma de suas últimas temporadas. Também seu rival Gianni Rivera ainda jogava para o *rossonero* Milan com uma elegância casual que deve ter inspirado os sonhos de todas as sogras milanesas. Mas foi o técnico da Inter, Helenio Herrera, nascido na Argentina e crescido no futebol francês, que inventou, ao redor de Sandro Mazzola, com defensores como Tarcisio Burgnich e Giacinto Facchetti, com os laterais Mario Corso (esquerda) e o brasileiro Jair (direita), a elegância hiper-racional do *catenaccio*, que permanece até hoje muito praticado, uma estratégia que se fundamentava na aposta em uma defesa perfeita e brilhantes contra-ataques, empilhando vitórias por 1 a 0. "C'è sole!", gritou um *tifoso* do Inter na chuva torrencial, abraçando-me, quando, após uma saída de bola de Facchetti para Mazzola à esquerda e, de lá, uma virada de jogo à direita para Jair, Mario Corso empurrou a bola para o fundo das redes com a perna esquerda, o único gol da vitória contra a AS Roma.

Incorporar um estilo de jogar intelectualizado em campo continuou sendo o legado da rivalidade Inter-Milan para o futebol, assim como nenhum outro clássico produziu um *hit* com tal timbre de lúgubre realidade. Pois a divisão intransponível do "Eravamo in Centomila" é a condição de intensidade dos dois blocos, os dois corpos místicos, as duas torcidas no estádio. Não há alternativa amigável. Terá alguém já experimentado um momento de grande emoção em uma *ola* (aquela onda que roda pelos espectadores no estádio em um movimento coletivo circular) em que ela teria transformado os dois blocos do estádio em uma grande unicidade de afetos? A tão aclamada *ola* nada mais é do que um sintoma de tédio – propícia para o intervalo, para jogos que já foram decididos ou para os que não têm mais nenhum sentido dramático. A *ola* não faz parte da coreografia de estádio, enquanto que aqueles outros momentos de êxtase, raros, espontâneos e explosivos que de fato arrebatam todos os torcedores (como no final da grande partida de rugby em Sydney) não podem ter qualquer coreografia, qualquer forma fixa, em seu caráter explosivo.

Mas, se é verdade que não pode haver uma experiência real de estádio sem essa invariável estrutura de divisão, antagonismo e potencial agressividade (e é por isso que ninguém se importa com jogos amistosos), cada modalidade esportiva deve ter diferentes regimes de atenção transitiva e transfigurativa sobre os jogadores e as jogadas. Em nenhum lugar, as rivalidades são mais obstinadas e mais profundamente carregadas de história do que no beisebol. Como sou torcedor do San Francisco Giants, tive que aprender a esquecer ativamente que alguns de meus colegas e até mesmo amigos torcem pelos Los Angeles Dodgers. O beisebol depende menos do surgimento de uma forma a partir do movimento dos corpos de vários jogadores do que do confronto de dois jogadores individuais, a saber, o *pitcher* em seu pequeno morro (*mount*), que joga a dura bola branca para o apanhador ajoelhado, e, por outro lado, o rebatedor (*at bat*) entre *pitcher* e apanhador, que tenta rebater com seu taco as bolas lançadas para fora do alcance do outro time. Esse confronto tem, para seus torcedores, a tensão psicológica de dois jogadores de xadrez e a energia física potencialmente devastadora de dois pugilistas. Tudo para ambas as equipes e para a atenção dos torcedores depende de tais confrontos, e qualquer outra intervenção só pode ocorrer como sua decorrência.

No basquete, dadas as pontuações particularmente altas, raramente os jogos se resumem a uma última cesta decisiva para

Torcidas

a vitória ou derrota, e os torcedores — especialmente nas ligas profissionais, o basquetebol universitário tem uma dinâmica diferente — tendem a se atrair mais pela fluidez dos movimentos das equipes e o valor artístico agregado dos lances individuais que por uma tensão ou rivalidade em particular. Uma grande enterrada vale só dois pontos, mas produz uma sensação irresistível de destreza, assim como os arremessos de insanas distâncias de Steph Curry que caem *de chuá* criam uma presença de perfeição. Eu consigo sentir a aceleração de um enorme central no hóquei e sua dor ao mesmo tempo repentina e esperada no impacto com outro corpo, bem como a conexão sem peso com o disco sendo conduzido na lâmina do taco. O tempo entre jogadas (*downs*) no futebol americano, experimentado pelos fãs de futebol como insuportavelmente longo, é sempre muito curto para os complexos jogos mentais — e, neste caso, também para as compactas conversas dos especialistas que querem antecipar as estratégias de ambas as equipes para a próxima jogada —, até que uma jogada ofensiva se transfigure e se realize em movimentos reais de modo a superar (ou falhar contra) os corpos da defesa.

E, apesar de todas as obsessivas discussões no futebol dos últimos anos sobre tática e condições estatísticas para o sucesso, ele tem se mantido como um esporte coletivo de improvisação. Como acontece também no hóquei sobre o gelo e ao contrário dos jogos que seguram a bola com a mão, a posse de bola no futebol é sempre precária e disputada, tornando o desenvolvimento do jogo apenas vagamente previsível. Mais do que de estratégias sofisticadas ou confrontos dramáticos, o futebol, portanto, vive de intuições, de breves esperanças, decepções e reações às quais as equipes devem se ajustar como enxames, sem esquecer de seus antagonismos mútuos.

Hans Ulrich Gumbrecht

Cada esporte coletivo tem sua própria tonalidade e ritmo, que eu, como torcedor, experimento e me adapto quase fisicamente, e que produzem diferentes formas de coerência entre os corpos coletivos de espectadores. Será que os torcedores de beisebol se sentem nas mãos do destino? Será que os torcedores de basquete evocam êxtases de perfeição? Existe um espírito de pensamento militar no futebol americano ou um existencialismo no futebol? Não vou aqui prosseguir com tais perguntas e comparações porque elas podem se tornar banais em sua engenhosa arbitrariedade. Certamente, parte do ritual dos estádios se dá como reação às diferentes plasticidades de formas e atmosferas de diferentes esportes, que encontram ressonâncias particulares em diferentes corpos de espectadores sem ter de *corresponder* a eles (por exemplo, os jogos mais agressivos fisicamente não têm de ter os torcedores mais agressivos). Todos eles, beisebol em Osaka, basquete em São Francisco, futebol americano universitário no Alabama, hóquei no gelo em Montreal ou futebol em Dortmund enchem seus estádios com multidões totalmente distintas em sua substância, diferentes substâncias que podem nos ser familiares por conta de nossa vivência sem que tenhamos conceitos definidos para elas.

São sobretudo os desenvolvimentos dramáticos de cada jogo individual que desencadeiam aqueles movimentos de intensidade pelos quais nós torcedores nos deixamos levar, movimentos que vão da abertura à irreversibilidade, movimentos carregados com aquela energia física represada e composta de imagens transfiguradas da nossa percepção. Para um torcedor, nada que acontece no estádio é trivial ou relaxante, todos os seus acontecimentos são de uma seriedade extasiante. E é por isso que, ao final do jogo, a euforia do corpo místico vencedor não poderia ser maior, e o desânimo do perdedor, mais profundo. Mera *satisfação* com a vitória ou *aborrecimento* com a derrota seria muito pouco.

Este também é sempre o momento em que – especialmente em Dortmund – a equipe da casa vem até as arquibancadas (mesmo depois de jogos e derrotas decepcionantes) para agradecer à torcida. Ao contrário do que ocorre durante o jogo, agora os corpos dos jogadores estão sincronizados com o corpo místico dos torcedores e disparam nele uma série de movimentos síncronos. Os jogadores, nesse momento, não se encontram mais separados dos torcedores; este agradecimento pode ser entendido como uma saída mútua da transfiguração, um retorno ao mundo da vida cotidiana de que os membros da multidão queriam (e conseguiram) se afastar por algumas horas, um retorno a uma bastante superficial e não mais extasiante seriedade.

Os rituais de torcida em estádio pressupõem que o foco da atenção é um jogo de equipe, porque hoje associamos muito naturalmente o esporte do espectador – tanto cultural quanto economicamente – ao fascínio pelas equipes. Historicamente, porém, como já mencionado, a ascensão dos esportes de equipe à sua popularidade atual só ocorreu de meados do século XIX a meados do século XX. A Grécia antiga não conheceu nenhum jogo de equipe – e a cooperação entre os cocheiros das respectivas *factiones* era mais parecida com os esportes de corrida de automóveis do que com o futebol, o basquete ou o hóquei. Ao mesmo tempo, sabemos que os poucos eventos de atletismo que ocorrem ainda hoje em grande escala e diante de arquibancadas cheias não produzem na multidão aquela intensidade que venho descrevendo. Os espectadores do atletismo tendem a ser especialistas ou ex-atletas, em vez de torcedores. Quase não há explicações para a emergência historicamente tardia dos esportes coletivos enquanto forma esportiva dominante. Será que devemos assumir que o desenvolvimento progressivo da individualidade como norma existencial da vida nas sociedades ocidentais tem dado à coletividade uma contra-aura cada vez mais atraente? Será que quem vive dia após dia sozinho diante de uma tela anseia por experiências coletivas e suas tensões? Em sua premissa básica, esta especulação converge com nossa explicação para os estádios cheios – o que se torna atraente na periferia da vida cotidiana é justamente o que desaparece de seu centro.

Em todo caso, é plausível relacionar a possibilidade de multidões de espectadores como as que conhecemos ao surgimento de jogos de equipe por duas razões principais. Em primeiro lugar, porque os jogos de equipe, ao contrário da maioria dos esportes individuais, ocorrem como competições entre apenas dois lados. Ou seja, há sempre apenas um outro time e seus torcedores contra os quais nos opomos na condição de uma outra massa. Nos esportes individuais, a situação parece mais difusa: corredores, nadadores ou ginastas têm vários oponentes. Em segundo lugar, entretanto, nossa concentração partilhada entre jogadores de nossa própria equipe e a transfiguração de seus movimentos provavelmente também contribuem mais para a formação de grupos de torcedores que podem vir a se tornar multidões do que a concentração em atletas individuais. Acima de tudo porque, no interior de um grupo, a percepção geralmente desencadeia o impulso de se associar a ele, de se juntar a ele – e, assim, de ampliá-lo por meio de nossa própria inclusão.

Após o final do jogo e o agradecimento da equipe (ou seja, a liberação da transfiguração), estamos exaustos. Para o torcedor, a intensidade multidimensional é o equivalente à participação física dos atletas no jogo. Praticamente não sentimos mais resistência ou mesmo melancolia ao deixar o estádio. Sabemos a data do próximo jogo, assim como nos rituais. Caminhamos lentamente, cansados, fora do estádio talvez queiramos meio cigarro em vez de mais uma cerveja, e também nos bares baixa- -se a atmosfera de excitação. A noite que se segue ao jogo não é para uma comida sofisticada ou conversas brilhantes. Talvez não queiramos nem mesmo falar sobre o jogo. As baterias estão vazias, agradavelmente vazias – vem o vazio, e não o relaxa- mento. Afinal de contas, os torcedores gastam toda a capacidade de concentração, proximidade e energia que eles têm.

O que teríamos a perder em mundo em que não houvesse mais estádios cheios? Essa é uma questão para nós, os torcedo- res, não para a sociedade em geral. Perderíamos um sentimento físico de euforia sem conteúdo que nos atrai ao estádio e que de outra forma não teríamos. Em troca, por assim dizer, per- deríamos o risco de violência com todas as suas consequências. De todo modo, não há nenhum valor educativo e certamente nenhuma melhoria moral que se possa esperar de se fazer parte de uma torcida. Mas sem elas, sem sua presença lateral e o poder transfigurador de seu olhar, talvez a forma e a estética dos jogos aos quais somos apegados também mudassem. Não porque as massas apoiam suas equipes, como os atletas gostam tão gentil- mente de afirmar – mas porque as equipes e suas estrelas jogam para as torcidas ainda mais do que para seus treinadores e para suas contas bancárias, mais do que talvez eles mesmos imaginem.

8
You'll Never Walk Alone
(Dortmund, 23 de março de 2016)

Não há evidências, argumentos e provavelmente nenhuma terapia para a afinidade de violência das multidões, sobretudo das torcidas no estádio. Sua vontade de se dividir em blocos antagônicos e sua agressividade contra os outros torcedores são reais, e o estado de espírito das torcidas no estádio deve ser descrito (dependendo do gosto linguístico) como "áspero", "exaustivo" ou até mesmo "trágico" – e as torcidas organizadas são tão adequadas para missões de paz quanto para negociações racionalmente fundamentadas com as instituições do futebol. Aqueles que, no entanto, expressam simpatia por elas – reconhecidamente uma vaga simpatia, afinal, o que é que eu sei de fato sobre as organizadas? –, se tornam suspeitos de banalizar a violência ou – o que talvez seja até pior para o prestígio intelectual – de um romantismo de pseudoesquerda – ou até mesmo de direita? E, ainda assim, corresponde a isso uma verdade, que aparentemente não é apenas individual, de que é a esses eventos em estádio, quando se está próximo ou no interior de uma multidão, que pertencem os melhores momentos que a vida pode proporcionar.

Espero ter conseguido, neste pequeno livro, mostrar, de uma maneira razoavelmente compreensível, o que quero dizer com isso – e o que significa falar de um êxtase especial do estádio.

Entretanto, este não pode e não deve se tornar algo como um pedido de desculpas, tampouco um programa educacional para melhorar os eventos em estádio. A experiência que está em jogo aqui, sobre a qual escrevo agora pela última vez, dificilmente poderá ser vivida sem multidões, sem torcidas organizadas, sem o risco de violência. Uma questão importante, talvez a mais importante para o futuro dos eventos em estádio, diz respeito, portanto, à minimização do risco – mas tal resposta está totalmente além da minha competência. Só posso repetir que não tenho qualquer interesse em estádios com uma atmosfera de concerto de orquestra ou de seminário acadêmico. Contudo, como não disponho de nenhum argumento real para buscar uma valoração social ou mesmo política das torcidas que possa explicar minhas preferências, vou ao menos tentar ilustrá-las com um evento do passado recente do Borussia Dortmund que joga luz sobre o que uma *potencialidade positiva das multidões* poderia ser. Ou, mais uma vez, o que perderíamos se os jogos sem torcida ou a atmosfera de concerto de orquestra fossem estabelecidos como a situação padrão nos estádios.

O caso que eu gostaria de comentar ocorreu em 23 de março de 2016, um domingo, no estádio do Borussia Dortmund (onde mais?), oficialmente o Signal Iduna Park ou, falando de modo menos corporativo, o Westfalenstadion. Em termos esportivos, era apenas mais uma daquelas jornadas tipicamente pouco interessantes que tanto temos vivenciado na última década na Bundesliga, embora o Dortmund viesse a terminar aquela temporada como o melhor vice-campeão de todos os tempos. Mas, como quase sempre acontece no início da primavera, o campeonato já havia sido virtualmente vencido pelo Bayern de Munique e, naquele dia, a tarefa que restava ao Borussia, muito plausível mas pouco gloriosa, era a de, em casa contra o I. FSV Mainz 05, fazer diminuir a diferença de pontos em relação ao líder, que havia saltado para oito no dia anterior. O objetivo foi alcançado diante das arquibancadas como sempre esgotadas e com a costumeira questão de nossos jogos em casa, em que demoramos para encontrar um ritmo que envolva os torcedores e, acima de tudo, a própria equipe. De todo modo, o jogo foi para o intervalo com o placar de I a O, graças a um gol de Marco Reus — também como de costume.

Shinji Kagawa aumentou para o Dortmund aos 28 do segundo tempo; mas, no meio daquele segundo tempo de um jogo aparentemente normal, os gols e até mesmo o resultado já não tinham mais qualquer importância. Pois, desde que as equipes haviam voltado para o campo após o intervalo, a Tribuna Sul estava em completo silêncio: sem cantos, sem aplausos, sem balanço das bandeiras e dos cachecóis pretos e amarelos, nem mesmo gritos ou vaias ao árbitro. É preciso ter estado em uma partida em Dortmund para se ter dimensão da magnitude do que de repente faltava, e os vídeos disponíveis daquele dia dão uma ideia da incerteza que pairava entre jogadores e equipes técnicas em campo, sobretudo da equipe da casa. Alguns minutos antes do apito final, como se o jogo agora tivesse se tornado completamente irrelevante, a Tribuna Sul começou a cantar *a capella* seu hino *You'll Never Walk Alone* — que é geralmente entoada apenas uma vez como parte do ritual pré-jogo com o acompanhamento da gravação nos alto-falantes. E logo em seguida novamente, quando os jogadores foram, como sempre, agradecer a torcida ao fim do jogo, dessa vez agregando até mesmo espectadores do Mainz 05 no coro.

Para o Borussia Dortmund, o dia 23 de março de 2016 ficou registrado na memória coletiva, o que me tornou fácil a tarefa de encontrar um torcedor que tivesse estado na Tribuna Sul naquela tarde pronto para narrar com orgulho e exatidão o que havia acontecido. Jan-Henrik Gruszecki, nos meados de sua terceira década de vida, faz parte da torcida organizada do Dortmund, como ele faz questão de enfatizar, mas também está em contato com a direção do Borussia e com a empresa de produtos químicos especializados Evonik, o patrocinador master do time, possivelmente para mediar os interesses da direção do Borussia e a energia da Tribuna Sul. Durante o intervalo da partida, diz Jan-Henrik, ele viu os paramédicos "correndo para cima e para baixo" na parte de baixo da arquibancada. Eles tinham vindo para tentar reanimar dois espectadores que haviam tido ataques cardíacos; um deles, de oitenta anos, não resistiu e veio a falecer a caminho do hospital; o outro sobreviveu.

E então, Jan-Henrik relata, começou a correr na multidão a notícia dos infartos e logo em seguida da morte, algo que se acelerou em todas as direções até os últimos rincões da arquibancada sem jamais ter havido algo como um centro ou um mensageiro para espalhar a informação. Terá sido essa, então, uma dinâmica de estigmergia? "A própria torcida tinha tomado aquela decisão", diz minha testemunha ocular. Um pouco depois, "pessoas com megafones anunciaram que não se cantaria mais". Mas naquele ponto aquilo já estava claro para todos os presentes, "não houve qualquer tipo de instrução". Como então aconteceu que a Tribuna Sul cantou *You'll Never Walk Alone* minutos antes do final do jogo, o que normalmente nunca é o caso, e depois novamente quando a "equipe veio agradecê-los, se abraçando", nem mesmo Jan-Henrik sabe.

A canção, composta em 1945 pela bem-sucedida dupla Richard Rodgers e Oscar Hammerstein para o agora esquecido musical *Carousel*, tem uma história singular e uma letra insuperavelmente cativante. Em 1963, ela chegou ao conhecimento do lendário técnico do Liverpool Bill Shankly e dos fãs do Liverpool por meio de uma versão de sucesso feita por um grupo de músicos locais que alcançou o topo das paradas inglesas e que, portanto, era tocada no estádio de Anfield. Mas, quando a canção desapareceu das paradas após algumas semanas e deixou de ser tocada no estádio, os torcedores protestaram, cantando a canção por si mesmos — e, como os torcedores em Dortmund 53 anos depois, haviam-no de fato decidido enquanto multidão. Desde então, *You'll Never Walk Alone* tem sido entoado pelos torcedores antes de todos os jogos do Liverpool FC em casa e se tornou o lema oficial do clube, seu lema heráldico *de facto*, por assim dizer. Além do Borussia Dortmund, várias equipes na Escócia, Holanda e até Grécia adotaram a canção como hino, mas a popularidade da performance coletiva não se limita de forma alguma ao esporte. Explicar tal popularidade com base apenas na melodia é obviamente difícil, mesmo para especialistas — existem apenas casos de sucesso, mas nenhuma fórmula para tanto.

O texto da canção, em si mesmo, é um mero acúmulo de alguns dos mais banais motivos da tradição lírica ocidental-romana:

> *When you walk through a storm*
> *Hold your head up high*
> *And don't be afraid of the dark.*

At the end of the storm
There's a golden sky
And the sweet silver song of a lark.

Walk on through the wind
Walk on through the rain
Though your dreams be tossed and blown

Walk on, walk on
With hope in your heart
And you'll never walk alone

You'll never walk alone.[2]

"A maioria dos torcedores na Tribuna Sul ficaria bastante surpresa" diz Jan-Henrik "se ficasse sabendo que a canção que eles cantam fala de uma cotovia (*lark*)". Mas todos eles sabem o que o título e o refrão significam. Essas são as palavras que importam para a imaginação dos torcedores quando cantam o hino no estádio antes de o jogo começar. Eles prometem seu apoio – e quase literalmente seu acompanhamento – à equipe, que naquele ponto está sentada no vestiário aguardando pelas instruções finais do treinador. Então *You'll Never Walk Alone*

---

2 Em inglês no original. "Quando você caminha através de uma tempestade/ Mantenha a cabeça erguida/ E não tenha medo da escuridão.// No final da tempestade/ Há um céu dourado/ E a doce e prateada canção de uma cotovia.// Siga em frente contra o vento/ Siga em frente sob a chuva/ Mesmo que seus sonhos sejam jogados e soprados// Siga em frente, siga em frente/ Com esperança em seu coração/ E você nunca caminhará sozinho// Você nunca caminhará sozinho."

Torcidas

é, acima de tudo, um gesto de devoção transitiva aos jogadores transfigurados – e certamente também contribui para, jogo após jogo, fazer dos 24 mil torcedores em lateralidade na Tribuna Sul um só corpo.

E é provável que tenha sido justamente neste sentido que os torcedores cantaram o hino uma segunda e uma terceira vez em 23 de março de 2016, antes do final do jogo e depois do jogo. "Eles o fizeram para os familiares", como os representantes oficiais do clube mais tarde asseguraram à mídia, visivelmente aliviados (como se tivessem feito uma pesquisa entrevistando gente da torcida). Entretanto, eles o fizeram sobretudo para si mesmos: para a celebração da comunidade à qual estão ligados, e por luto por aquele dentre eles que havia morrido na solidão da morte individual. Eles cantaram e tornaram presente aquele que tinha pertencido a todos eles, embora poucos o conhecessem pessoalmente. Esta bela inversão do *páthos* da canção, que agora era dirigida não ao time, mas à própria multidão, provavelmente explica por que eram os jogadores que pareciam, para Jan-Henrik, serem os *devotos* quando vieram em direção à Tribuna Sul, como sempre fazem – e cantaram com seus torcedores junto aos torcedores do Mainz 05 no lado oposto do estádio. Esta era uma comunidade nova e diferente – que, é claro, não sobreviveu àquela tarde de março.

Mas talvez a ideia desse outro significado de *You'll Never Walk Alone*, que se direciona ao próprio corpo místico, não se aplique nem mesmo à tarde de 23 de março de 2016 em Dortmund. Pois falar de significados seria transformar a Tribuna Sul em sujeito. Nos últimos anos, revi muitas vezes o vídeo da cena, e em todas elas me sinto tomado por seu intenso *páthos*, de uma forma que nem mesmo o melhor sermão e a mais adequada música poderiam ter produzido em um serviço fúnebre. Foi um luto terno, mas não frágil, na presença física de muitos, luto no corpo místico como uma consolação que tornou a perda presente.

Nota do tradutor

Para alguém que, como eu, vem das categorias de base uspianas de rigorosa tradução filosófica, soa quase como um sacrilégio quando o autor traduzido lhe pede pessoalmente: "faça-me soar bem em sua língua". Pois, em certos momentos, tal versão implica uma remodelação substancial do texto, a tal ponto que provavelmente não seria mais aceitável para um autor do cânone filosófico. Ao mesmo tempo, tais preocupações também se tornam menores se pensamos, na linha benjaminiana, que a decisão de tradução é uma decisão de dar sobrevida à obra. Sobrevida que, neste caso do livro *Torcidas*, se dá menos temporalmente (pois, entre a publicação original e esta tradução irão aí algo em torno de meros três anos) do que geograficamente, visto que, desde quando li os capítulos em arquivos de Word enviados semanalmente por Hans Ulrich Gumbrecht durante a pandemia, tive a certeza de que este texto deveria ver a luz do dia no Brasil e em língua portuguesa.

Em primeiro lugar porque, embora Gumbrecht não tenha "descoberto" a experiência de torcida no Brasil, ele certamente terá encontrado, desde sua primeira vinda ao país em 1977 (que contou com sua presença em um Flamengo e Vasco com Maracanã lotado), uma determinada disposição e inclinação positiva ao estar-na-multidão que estava definitivamente interditada em uma Alemanha que então ainda vivia a ressaca do nazismo. De certo modo, até hoje é tabu a experiência da multidão na Alemanha, sobretudo em meios acadêmicos e culturais; e se Gumbrecht, ao sair de lá em 1989, encontrou sob o sol da Califórnia a leveza necessária para, por exemplo, enfim ler Heidegger ou refletir sobre o fenômeno da voz, ele também encontrou ressonância de sua experiência em estádio com a relação norte e sul-americana com os esportes. Creio que a busca por um distanciamento crescente em relação à Alemanha (inclusive no âmbito pessoal, visto que Gumbrecht, por exemplo, abdicou da cidadania alemã pela norte-americana e inclusive se incomoda em ser chamado de alemão) é uma importante chave de compreensão para sua obra mais recente.

Em segundo lugar, de um ponto de vista da língua, a chegada ao português é uma espécie de *Heimkunft*, de retorno à casa, deste texto, que, no alemão, sua língua original, não encontra a mesma fluência terminológica que no português, no qual ele pode ser ao mesmo tempo mais preciso e mais nuançado. Baseio-me, sobretudo, na questão de que o alemão tem apenas a palavra *Masse* para designar o que em português chamamos ora de *massa*, ora de *multidão*, ora de *torcida* – resultando, inclusive, no fato algo bizarro de que, para que seu título alemão não se chamasse simplesmente "Massas", ele tenha tido de recorrer a uma palavra inglesa ("*Crowds*") que, contudo, jamais é ela mesma utilizada no próprio texto. Evidentemente, uma opção de tradução seria verter tudo que é *Masse* por *massa* e torcer pelo melhor; mas optei por intervir no texto de modo a especificar, por meio da disponibilidade de diferentes termos de nossa língua, três tipos diferentes de fenômenos que Gumbrecht ali descreve.

Separei, em geral, o uso do termo *massa* especificamente para aquelas expressões ou teses que resguardam uma conexão para com a linhagem teórica do "desprezo às massas" que Gumbrecht trabalha no Capítulo 3, isto é, como o objeto intencional de tais teses; vez ou outra também o utilizei quando houve uma referência muito geral, quase matemático-abstrata, a um caráter de massa, ou quando o termo fizesse parte de uma expressão já tradicionalmente consolidada em português (por exemplo, *meios de comunicação de massa* não faz sentido com qualquer outra opção). *Multidão*, por sua vez, seria mais propriamente a novidade gumbrechtiana, pois referir-se-ia mais explicitamente ao fenômeno de uma reunião de corpos cuja interconexão se dá a partir de sua co-presença espacial (o que implica, nesse sentido, que as mídias digitais poderiam gerar *massas eletronicamente mediadas*, mas não *multidões* de fato). Ainda assim, porém, dei prevalência, na maioria dos casos, a um subconjunto específico de multidões que são, afinal, o ponto central do livro de Gumbrecht, isto é, as *torcidas*. Pois, na minha compreensão, não interessa a Gumbrecht fazer uma teoria geral das multidões – por exemplo, de multidões políticas, que ele relega ao banco de reservas – e sim, mais concentradamente, uma descrição fenomenológica da experiência de um estar-na-torcida. Sendo assim, o termo pressupõe a restrição espacial específica do estádio que gera o represamento lateral de energia, bem como uma atenção transitiva à coreografia esportiva que se dá em seu centro, o campo de jogo. Sem estádio e sem jogo, pode haver multidão, mas não haverá torcida; e acredito que o texto deixa em suspenso até que ponto as dinâmicas específicas de intensidade que configuram uma torcida podem se dar (ou não) em alguma outra multidão. Por exemplo, para que uma multidão política adquira algo como aquela lateralidade de uma torcida no estádio, digamos, em uma avenida Paulista, Praça Tahir ou um *boulevard* parisiense (não é inclusive com essa intuição de evitar o represamento de energia gerado pela restrição lateral que Haussmann projetou a moderna Paris?), o que precisaria acontecer? Quantas pessoas seriam necessárias? Ao menos seria possível, dadas as inúmeras possibilidades de escoamento? E qual seria o objeto de sua atenção transitiva? Como se poderia manter um sentimento de unidade transitiva da multidão sem ele?

Um segundo ponto sensível da tradução foi o termo *Hochstimmung*, que Gumbrecht usa pela primeira vez no Capítulo 4 para se referir ao sentimento das torcidas romanas nas corridas de carruagem e que, depois, será central no Capítulo 6 para descrever o componente vertical da torcida, isto é, aquele *êxtase* específico que sentimos em certos momentos-chave como parte de uma torcida, haja vista a intensidade lateral e a atenção transitiva. O termo condensa dois conceitos da teoria literária gumbrechtiana: *Stimmung* e *bliss*.

Em *Stimmung Lesen*, uma coletânea de artigos dos anos 2000 publicada como livro em 2011, Gumbrecht dá continuidade a um projeto mais amplo – do qual este *Torcidas* também faz parte – de desenvolver diferentes aspectos de uma filosofia da presença. Ele propõe que a análise literária se concentre menos no "conteúdo ideacional" da literatura (conceitos, temas, enredos) e mais em sua capacidade de tornar presente atmosferas, ambientes, ambiências, humores, climas e disposições – todas estas, palavras que podem traduzir o uso alemão para *Stimmung*.

Eu devo insistir, contudo, que, talvez mais do que em qualquer outro lugar, o termo caiba *literalmente* para uma atmosfera gerada por vozes cantando em uma torcida. Literalmente, pois a raiz da palavra *Stimmung* é *Stimme*, a voz, que por sua vez tem relação com o verbo *stimmen*, que significa afinar (por exemplo, afinar um instrumento, mas também pode ser usada no sentido de colocar alguém em um determinado humor, fazendo-o feliz, triste etc., isto é, "*afinando-o*" em certo estado de espírito). Gumbrecht está ciente desta relação, que em *Stimmung Lesen* já aparece explicitamente no capítulo sobre a evocação de uma *Stimmung* por meio da voz de Janis Joplin, que aqui é beliscada por meio da referência ao *coro*, e que será extensivamente desenvolvido em seu mais recente livro, atualmente no prelo, sobre uma fenomenologia da voz. Então a *Hochstimmung* aqui inclui essa dimensão (vertical, pois marcada pelo *Hoch-*, alemão para *alta* ou *elevada*) da criação de uma atmosfera ou de uma ambiência extática.

Já a *bliss* é um conceito mais recente das preocupações gumbrechtianas, que foi tema de seu último seminário em Stanford e de um painel no Centro de Pesquisa e Formação do Sesc de São Paulo, ambos em 2018, nos quais se buscava delimitar conceitualmente o que seria esse sentimento expresso por tal palavra inglesa de difícil tradução. Em suma, houve a tentativa de descrever a *bliss* como um sentimento de *êxtase* que, à diferença do conceito de *intensidade*, se referisse não apenas a uma experiência individual e particularizada, mas sobretudo à sua dimensão coletiva e socialmente compartilhada – vinculando-se, nesse sentido, também à ideia de *Stimmung*. Se, porém, em 2018, as discussões do painel se debruçaram mais estritamente sobre a experiência literária, aqui o desenvolvimento da problemática da *bliss* leva Gumbrecht para além da literatura, para o âmbito do esporte e da experiência de torcida em estádio. Além do mais, importa notar que Gumbrecht aponta constantemente para um duplo sinal deste êxtase, isto é, que na torcida se podem tanto experimentar belos momentos de euforia, camaradagem, pertencimento e generosidade, como também explosões de violência física, social ou mental. Atribuo essa compreensão da ambivalência de energia sobretudo à contribuição de Flora Süssekind ao evento do Sesc supracitado, em que ela mapeou momentos de negatividade na *bliss* ao encontrá-la descrita junto à *dor* em conto de mesmo nome de Katherine Mansfield, bem como na nota de sua tradução brasileira por Ana Cristina Cesar, e depois em relação ao *nojo* e à *náusea* em Clarice Lispector. Aliás, considero que muito das descrições desse arrebatamento coletivo da torcida podem encontrar sua origem nessas sessões de discussão, que foram publicadas recentemente no Brasil sob o título de *Vida da literatura*. Em minha compreensão, por conseguinte, *Hochstimmung* seria justamente o termo que Gumbrecht encontraria em alemão para descrever a *bliss* no contexto de torcida — e que, nesta tradução, será lida como *êxtase*.

Nicolau Spadoni
Ithaca, abril de 2023